Este libro pertenece a

Libros de Elizabeth George:

Acaba con tus preocupaciones… ¡para siempre!
Ama a Dios con toda tu mente
Biblia de la mujer conforme al corazón de Dios
Colosenses/Filemón: Descubre la gracia de Dios
Cómo criar a una hija conforme al corazón de Dios
Encuentra la senda de Dios en medio de tus problemas
Ester: Descubre cómo ser una mujer bella y fuerte
Filipenses: Experimenta la paz de Dios
Guía de una joven para descubrir su Biblia
Guía de una mujer para las buenas decisiones
Hechos: El poder del Espíritu Santo
Jardín de la gracia de Dios
Jueces/Rut: Cultiva una vida de integridad
Lucas: Vive con pasión y propósito
María: Cultiva un corazón humilde
Momentos de gracia para el corazón de la mujer
1 Pedro: Cultiva un espíritu afable y apacible
Promesas poderosas para toda pareja
Proverbios 31: Descubre los tesoros de una mujer virtuosa
Proverbios para el corazón de la mujer
Sabiduría de Dios para la vida de la mujer
Santiago: Crece en sabiduría y fe
Sara: Camina en las promesas de Dios
Sigue a Dios con todo tu corazón
Un minuto con las mujeres de la Biblia
Una esposa conforme al corazón de Dios
Una madre conforme al corazón de Dios
Una mujer conforme al corazón de Jesús
Una mujer que ora por su esposo
Una pareja conforme al corazón de Dios

Encuentra la senda de Dios en medio de tus problemas

Verdades bíblicas para vivir con esperanza, gozo y sentido

ELIZABETH GEORGE

EDITORIAL PORTAVOZ

La misión de *Editorial Portavoz* consiste en proporcionar productos de calidad —con integridad y excelencia—, desde una perspectiva bíblica y confiable, que animen a las personas a conocer y servir a Jesucristo.

Título del original: *Finding God's Path Through Your Trials*,

EDITORIAL PORTAVOZ
2450 Oak Industrial Dr. NE
Grand Rapids, Michigan 49505 USA

Visítenos en: www.portavoz.com

ISBN 978-0-8254-5862-0

1 2 3 4 5 / 25 24 23 22 21 20 19 18

Impreso en los Estados Unidos de América
Printed in the United States of America

Contenido

Sección 4—Cómo ser una mujer fuerte

Sección 5—Cómo ser una mujer resistente

Epílogo

Un comentario acerca de las pruebas

La salud de una hija y un examen cerebral pendiente.
Un soldado que fue enviado a una zona de guerra.
Una pareja con un hijo problemático.
Una hija con ideas suicidas.
Un padre agonizante.
Un problema de falta de autocontrol o adicción.

Nos guste o no, las pruebas y las tribulaciones son parte de nuestro diario vivir. Todavía recuerdo cuando recién convertida leí Juan 16:33 en mi recorrido por el Nuevo Testamento. Al dirigirse a sus discípulos, Jesús pronunció estas osadas palabras: "En el mundo *tendréis* aflicción". En aquel entonces, yo pensaba que para un creyente todo se pondría cada vez mejor, que ser cristiano era sinónimo de una vida libre de problemas, en algún momento. Sin embargo, la verdad es que tú y yo, y todo el mundo, *sufriremos*. Vivimos en un mundo pecaminoso y caído donde el cuerpo se deteriora, las relaciones deben cuidarse, la tentación asecha por doquier, y donde no cesa la persecución contra los creyentes por causa de su testimonio de Cristo.

En este libro encontrarás sabiduría bíblica acerca de las pruebas y de cómo puedes enfrentarlas. También verás cómo otros han manejado las pruebas y cómo sus ejemplos, acompañados de la gracia de Dios, pueden ayudarte a afrontar tus propios problemas. Sea cual sea tu condición de vida, guarda estas palabras de Jesús en tu mente y en tu corazón: "confiad, yo he vencido al mundo" (Jn. 16:33). Esto lo dijo Él justo después de su declaración acerca del carácter universal de las pruebas y tribulaciones.

¡Estas son las buenas noticias de Dios! La victoria que Cristo ganó, por medio de su muerte y resurrección, anuló e invalidó la oposición del mundo. Sí, es un hecho que hemos de sufrir, tropezar y fallar, y que seremos atacados. Pasaremos por pruebas de toda clase y duración, desde perder las llaves del auto y tener que buscar ayuda, hasta una prueba que cambia el curso de la vida y no tiene término ni solución a la vista. Con todo, el triunfo de Cristo ya aseguró una apabullante derrota al mundo y su maldad, y esto incluye nuestros problemas.

Mientras hablamos de cómo encontrar el camino de Dios en medio de tus problemas, ten presente estas palabras del apóstol Pablo:

- "Mas gracias sean dadas a Dios, que nos da la victoria por medio de nuestro Señor Jesucristo" (1 Co. 15:57).

- "Antes, en todas estas cosas somos más que vencedores por medio de aquel que nos amó" (Ro. 8:37).

❧ "Bendito sea el Dios y Padre de nuestro Señor Jesucristo, Padre de misericordias y Dios de toda consolación, el cual nos consuela en todas nuestras tribulaciones" (2 Co. 1:3–4).

Sección 1

Cómo ser una mujer gozosa

La vida no tiene que ser fácil para ser gozosa.
El gozo no es la ausencia de problemas,
sino la presencia de Cristo.[1]

WILLIAM VANDER HOVEN

Cómo ser una mujer gozosa

1

Aceptar la realidad

Hermanos míos, tened por sumo gozo
cuando os halléis en diversas pruebas.
Santiago 1:2

¿Alguna vez te han pedido hacer algo que no era de tu agrado, algo que incluso podría causarte dolor físico, mental o emocional? Quizá muchas veces, ¿no es así? Bueno, eso me sucedió una mañana de verano. Una de las llamadas telefónicas que recibí aquel día soleado fue de la directora del ministerio femenil de nuestra iglesia. Ella me pidió que en oración considerara la posibilidad de enseñar en el grupo de estudio bíblico para mujeres en la primavera siguiente. Y no solo me pedía que orara acerca de dirigir el grupo, sino que incluso me asignó el tema específico del estudio: ¡las pruebas! Tras evaluar las necesidades de las mujeres de la iglesia, su comité había determinado que el tema del manejo sabio de las pruebas sería importante, ya que muchas enfrentaban diversas clases de dificultades.

Bueno, poco sabían estas damas que su solicitud pronto se convertiría en una prueba para mí. Te preguntarás por qué. ¡Lee y lo sabrás!

Lamento decir que mi primera reacción a la solicitud de esta dama fue negativa. No me agrada enseñar algo impuesto. Prefiero dar instrucción de lo que he atesorado a través de mi propio estudio personal de la Biblia.

También me apena decir que mi segunda reacción fue de temor. ¿Quién desearía asistir a una clase que habla acerca de las dificultades? ¿Acaso la mayoría no prefiere hablar de asuntos agradables y felices? ¡Yo no quería ser una maestra de tristeza y melancolía!

Sin embargo, presenté este asunto en oración al Señor, y Él tocó mi corazón. Acepté la oportunidad como algo que venía de Él, consideré que *Él* me pedía tratar el tema de las pruebas y el hecho de que cada persona y cada día es susceptible de experimentar dificultades; también, que su deseo era enseñarme algunas cosas. En efecto, el comité de la iglesia había tomado una decisión sabia: las pruebas son parte de la vida, de la tuya y de la mía también.

Buscar a otro maestro

Una vez que asimilé la prueba de hacer algo para lo cual no me sentía segura, y que acepté el reto de estudiar a fondo el tema de las pruebas, pensé de inmediato en Santiago, el autor de la epístola que lleva su nombre. En vista de que Santiago había enseñado acerca de las pruebas, pensé que podría haber vivido una experiencia similar a la mía.

Imagina que estás en el lugar de Santiago. Él fue comisionado para impartir un curso que podría titularse "Curso básico sobre las pruebas". Consciente de que todos los cristianos sufren, el presidente de la universidad —Dios mismo— pidió a Santiago desarrollar un currículo que incluyera las bases que necesitan los creyentes para enfrentar los momentos difíciles.

¡Pero eso no es todo! A Santiago se le indicó que la clase debía ser un curso por *correspondencia*. ¿Por qué? Porque él nunca conocería ni hablaría con las personas que necesitaban y "estudiarían" este curso diseñado para ayudarles a sortear sus problemas y retos. Por tanto, la tarea de Santiago consistía en escribir instrucciones universales, es decir, que pudieran servir a *cualquier* persona en *cualquier* momento y época. Debía incluir información que ayudara a *todo* cristiano, desde el bebé en Cristo que enfrenta los primeros tropiezos en la fe, hasta el santo maduro en su lecho de muerte. Debía comunicar pautas que instruyeran al pueblo de Dios acerca de cómo manejar toda situación: desde un insulto insignificante hasta una catástrofe mayor.

¿Qué harías si fueras Santiago? ¿Qué dirías? ¿Por dónde empezarías? Amiga mía, esa es precisamente la tarea que Dios le encomendó a Santiago. En ese momento, había algunos santos que necesitaban ayuda. Los creyentes judíos que vivían fuera de Jerusalén y Palestina, lejos de la burbuja del cristianismo, enfrentaban diversas pruebas. La misión de Santiago consistía en aconsejarles cómo enfrentar sus problemas como hombres y mujeres de Dios.

¿Y cuáles fueron los resultados de la tarea que Dios encomendó a Santiago? A continuación presento algunos hechos relacionados con las lecciones eternas de Santiago para todos los creyentes acerca de cómo encontrar la senda de Dios en medio de los problemas.

Directo al grano

Para empezar, el libro de Santiago es la primera epístola (carta) del Nuevo Testamento que se escribió, fechada solo 15 años después de la muerte de Cristo. Es un manual práctico, enérgico, que va directo al grano, y que enseña cómo vivir una vida santa bajo cualquier circunstancia, incluso en necesidades. La epístola de Santiago, tan llena de sabiduría, ha sido comparada con el libro de Proverbios por sus breves y claras declaraciones acerca de cómo llevar una vida piadosa.

¿Cómo cumplió Santiago esta misión que Dios le asignó? Se sentó y, bajo la inspiración del Espíritu Santo, escribió numerosos consejos para sus lectores, a quienes no podía ver. Es un catálogo de principios, parámetros y normas por los cuales vivir. Escribió palabras de sabiduría útiles para toda circunstancia, a sus hermanos y hermanas en Cristo.

Y ¿por qué fue elegido Santiago para llevarlo a cabo? Quizá porque él era medio hermano de Jesús (ver Mt. 13:55). Como ves, Santiago —un hijo menor que fue criado en el mismo hogar— habría testificado de primera mano la manera en que Jesús, el Hijo de Dios y el hombre perfecto, manejaba las pruebas.

Ahora, ponte en el lugar de Santiago. ¿Qué dirías para empezar tu "Curso básico sobre las pruebas"? Tal vez los mensajes de la industria de tarjetas para los santos afligidos serían algo así: "Pienso en ti" o "Mejórate pronto" o "¡No te rindas!" Algunos libros de psicología recomendarían que estas personas agobiadas por los problemas se rindan, o tal vez que luchen, busquen ganar, se retiren o transijan. Es asombroso comprobar cómo el consejo que ofrece Santiago en su curso de la escuela de las pruebas difiere mucho de estos sentimientos e ideas. En solo diez palabras, Santiago trató a fondo el tema, fue directo al grano, y lanzó un mandato:

Tened por sumo gozo
cuando os halléis en diversas pruebas
(Santiago. 1:2).

Santiago dejó a un lado trivialidades, banalidades, preámbulos y maquillajes, para exhortar a sus lectores a enfrentar las pruebas sin escapatorias y con una actitud triunfadora, es decir, a *gozarse* en sus problemas. ¿Parece imposible? Lo es, a menos que entendamos algunas verdades acerca de las pruebas.

Las pruebas son una realidad de la vida

La vida no es fácil. Tampoco es fácil ser cristiano. Claro, tenemos una nueva vida en Cristo y las promesas seguras de Dios. Sin embargo, como creyentes podemos estar seguros de que en el camino enfrentaremos pruebas:

- Pedro dijo a sus lectores: "No os sorprendáis del fuego de prueba que os ha sobrevenido, como si alguna cosa extraña os aconteciese" (1 P. 4:12).
- Pablo escribió que "todos los que quieren vivir piadosamente en Cristo Jesús padecerán persecución" (2 Ti. 3:12).
- Jesús enseñó que "en el mundo tendréis aflicción" (Jn. 16:33).

Podemos tener la certeza de que las pruebas nos golpearán. Viviremos todo tipo de experiencias, incluso negativas. Sin embargo, Santiago dice que *cuando* éstas llegan, hay decisiones que debemos tomar. Una de ellas es nuestra propia actitud. Dios nos concede el privilegio de elegir nuestra actitud. Podemos responder con una actitud amargada, de enojo, descontento o tristeza. Depende de lo que queremos. También podemos optar por ser mujeres que suspiran sin cesar en actitud de derrota. Podemos deprimirnos, protestar, refunfuñar y quejarnos.

Santiago, en cambio, nos señala el camino mejor, una mejor actitud que podemos escoger. Él nos comunica la decisión correcta, nos anima a elegir una actitud gozosa. *La primera regla de Santiago para tener una vida gozosa en medio de circunstancias desagradables es "tener por sumo gozo".*

Aprender la actitud gozosa

Así como las primeras lecciones del abecedario son esenciales para aprender a leer, conocer las bases bíblicas es fundamental para aprender a triunfar sobre los problemas. El curso básico y escueto de Santiago sobre la manera piadosa de soportar el sufrimiento incluye una actitud de considerar. Él dice: "*tened* por sumo gozo" cuando enfrentamos toda prueba. Cada vez que leo estas palabras, mi reacción inmediata es de disgusto. Las palabras que habla Dios por medio de Santiago son inesperadas y chocantes, como si recibiéramos un chorro de agua helada en la cara. ¿Por qué? Porque yo deseo que Santiago (y todo el mundo) se solidarice conmigo, que sienta mi dolor; quiero ganar la empatía y la simpatía de los demás, que alguien me brinde alivio o se compadezca de mí en una actitud piadosa.

> *Tener las pruebas por gozo es un asunto de fe, no de sentimientos.*

Sin embargo, puesto que mi deseo es tener un corazón obediente (y creo que el tuyo también), entiendo que debo aprender a considerar con gozo lo que me sucede, en vez de buscar apoyarme en los demás. "Tener" significa considerar, ponderar, contar algo. En el caso de Santiago 1:2, es *la prueba lo que ha de ponderarse con miras a tomar la decisión de "tener" todo por sumo gozo.* "Tener" supone un juicio cuidadoso y deliberado. En última instancia, estamos llamadas a considerar la prueba, sin importar cuál sea, como gozo.

He aprendido algunas lecciones acerca de esta actitud de "tener". Primero, tener por gozo la prueba es algo que logramos con nuestra mente, no con nuestras emociones. Es un asunto de fe, no de sentimientos. Es una disciplina mental. Y es un asunto de pura obediencia. Dios no pide que los cristianos "sientan" gozo cuando experimentan pruebas. No. Lo que Él les pide es seguir sus instrucciones y "tener" (evaluar, determinar, decidir y considerar) esas pruebas de tal forma que se convierten en gozo.

En segundo lugar, tener las pruebas por gozo nada tiene que ver con el cuerpo del cristiano o con sus sensaciones físicas. La actitud gozosa descarta las evaluaciones provenientes de la experiencia sensorial que se basa en ideas como "si se siente bien, está bien", o "si se siente mal, está mal".

Por consiguiente, los cristianos no deben "tener" o evaluar sus pruebas según las apariencias o los sentimientos. La actitud gozosa no se manifiesta por vista, sino *por fe* (2 Co. 5:7). Por fe y en obediencia *decidimos* tener por sumo gozo todas y cada una de las pruebas. ¿Por qué? Porque eso dice Dios que debemos hacer a fin de hallar su senda en medio de nuestros problemas.

–Un paso adelante–

¿Cuál es tu situación actual? ¿Dónde te encuentras, y dónde te gustaría estar? Muchas veces el lugar donde se encuentra una mujer no es el ideal para ella. Por ejemplo, si estás casada, es probable que sigas a tu esposo en sus periplos por el mundo, o quizá él prefiera permanecer en un solo sitio mientras tú anhelas nuevas experiencias. Dejaste atrás familiares —hermanas, hermanos, padres, hijos casados, nietos, y amigos— para unirte a tu esposo. Es posible que, al igual que Sara en el Antiguo Testamento (Gn. 12:1–5), hayas dejado atrás todo cuanto te era conocido y querido para probar algo diferente que puede no parecer conveniente en ese momento para ti y para tu familia.

Si eres soltera, quizá sientas el vacío del cambio incesante de domicilio que exige tu empleo, y que te obliga a separarte de tus seres queridos, de una buena congregación, y de tu red de apoyo. Puedes sentir que tienes que empezar de nuevo una y otra y otra vez.

Amiga mía, estas son las pruebas.

¿Cómo es entonces tu situación mental y espiritual en este momento? ¿Sufres desaliento, pena, temor, ansiedad, preocupación, soledad o desesperanza? Hasta el poderoso guerrero y rey David pasó por días de desaliento. También tuvo conflictos con otras personas. David clamó a Dios: "Ten misericordia de mí, Jehová; mira mi aflicción que padezco a causa de los que me aborrecen" (Sal. 9:13). En ocasiones llegó a pensar con certeza que moriría: "Hubiera yo desmayado, si no creyese que veré la bondad de Jehová" (Sal. 27:13).

Tú puedes ser una mujer gozosa a pesar de los problemas que enfrentas.

¿Te sientes identificada? ¿Hay algún asunto o problema —una relación, una enfermedad, una circunstancia particular— que te aflige hoy? Es casi seguro que la respuesta es afirmativa. Puedes dar un paso gigantesco y triunfante si aceptas la realidad de que las pruebas son parte de la vida. No te dejes aplastar por las pruebas. No te inquietes pensando *por qué* te ha sobrevenido algo. No acuses al Señor de maldad cuestionando *cómo un Dios de amor podría permitir que te suceda algo así.* No dudes de Dios ni cuestiones *dónde está cuando lo necesitas*, o *dónde estaba cuando eso te sucedió*.

Por favor no des lugar a la ira, la depresión, y el desaliento. Y no decidas: "bueno, ya no sigo adelante. ¡Me rindo! No puedo más. De hecho, ni siquiera deseo seguir".

Tampoco finjas una actitud positiva como: *cuando el dolor ceda, sere más gozosa* o *cuando todo termine volveré a ser feliz. Entonces tendré gozo*.

Antes bien, acepta la verdad de que las pruebas son parte de la vida en este mundo. Atiende el consejo que Dios te da por medio de Santiago y "ten por sumo gozo". Decide tener la actitud correcta, la que Dios ordena. Dobla tu rodilla, inclina tu corazón y tus emociones ante el Dios Todopoderoso y expresa la actitud de tu corazón: "Dios, esto no me agrada, pero tú dices que debo tener este problema por sumo gozo, así que por tu gracia decido que así sea".

¿Lo harás? Aceptar la verdad acerca de las pruebas cambia toda la perspectiva de tu día, de tus dificultades, y en especial de tu vida. Es la senda de Dios en medio de tus problemas. Tú puedes ser una mujer gozosa con tus problemas, y a pesar de ellos.

Cuando tienes por sumo gozo las peores dificultades, tu gozo brilla en todo su esplendor como las estrellas en medio de la noche más oscura.[1]

2

Emplear un sistema sencillo de catalogación

Hermanos míos, tened por sumo gozo
cuando os halléis en diversas pruebas.
Santiago 1:2

Un hermoso día en el que todo iba de maravilla, uno de esos extraños días que parecen perfectos, llegué hasta mi buzón casi dando saltos. Lo abrí para ver qué sorpresas me tenía (ya sabes, nuevos ejemplares de revistas, catálogos de la ropa de moda, el folleto del supermercado que anuncia las nuevas promociones). Y allí, justo enfrente de mi casa, empecé a vivir una prueba que se convirtió en un gran reto para mí. En una carta se me informaba que como maestra de nuestra iglesia debía participar en un próximo curso ministerial que duraría nueve meses. No había lugar a objeciones, recusaciones ni excusas. Si quería continuar en el ministerio que desempeñaba, tendría que asistir.

Yo reaccioné de inmediato. ¿De dónde iba a sacar tiempo para eso? ¡Ya tenía bastantes ocupaciones! ¿De dónde sacaría las horas no sólo para asistir a las clases y las jornadas de medio día, sino para hacer la gran cantidad de tareas que incluía?

Ahora bien, ¿qué diría Santiago acerca de esta situación? Está claro, que la tenga por sumo gozo.

Ya en mi casa, me senté delante Dios y le entregué mi problema, mi prueba. Miré mi calendario y me asusté. Oré. Clamé. Argüí con Dios, le presenté todas las dudas y objeciones que se me ocurrieron. Escribí una carta para solicitar que se me dispensara de ese entrenamiento obligatorio, y luego la rompí. Acto seguido, escribí, como protesta, una carta de renuncia a mis ministerios.

Sobra decir que fue horrible, que me porté de un modo terrible. Y puedo asegurarte que mi actitud fue un desastre. Ya te contaré en qué terminó aquella penosa experiencia…

Por ahora permíteme comunicarte más sabiduría de Dios que nos enseña Santiago acerca de cómo encontrar la senda en medio de cualquier problema que puedas enfrentar, y que pueda arruinar tu glorioso día. Fue algo que me sirvió a mí, y también te servirá a ti. Y aunque no lo creas, tiene que ver con contabilidad, con aprender y usar un sistema sencillo de catalogación.

El principio contable

¿Te parece que la contabilidad es sinónimo de pesadilla? Para muchos, llevar un registro económico podría ocupar el primer lugar en su lista de "actividades menos gratas". Es probable que sepas lo suficiente de contabilidad para reconocer que es un trabajo aburrido, lento y muchas veces frustrante. Quizá también te preguntes: "¿Para qué llevar cuentas? Al fin y al cabo, tarde o temprano mi factura de la tarjeta de crédito llega por correo, y entonces sabré de inmediato cuánto dinero he gastado... y en cualquier caso nunca hay suficiente".

La verdad es que la contabilidad es una disciplina valiosa. Obtenemos paz mental cuando sabemos con exactitud lo que tenemos y lo que no tenemos en nuestra economía. Podemos hacer un registro de nuestras finanzas diarias, mensuales y anuales en función de lo que tenemos y lo que no. Podemos saber con precisión cuánto tenemos y cuánto necesitamos, a fin de proveer para nosotros mismos y para los demás, de concretar nuestros planes y sueños, y más importante aún, de servir a nuestro Señor.

Bueno, tengo buenas noticias para ti. Incluso una experiencia o manejo contable mínimo resulta útil para comprender el mandato divino de tener las pruebas por sumo gozo. Pensar en el trabajo de un contador te ayudará a comprender el consejo de Santiago acerca de cómo manejar tus pruebas como Dios manda. Te beneficiará considerar tus pruebas desde la perspectiva de un contador, tan pronto como les hagas frente. De igual modo que un contador cuando registra las transacciones de un negocio, tú puedes hacer mejores "negocios" con Dios cuando buscas agradarle.

¿Crédito o débito?

Quizá mi propia experiencia contable sirva para explicar lo que quiero decir. Recién casada, aprendí en nuestro nuevo hogar a ser una contadora (sí, tal como lo oyes) cuando mi esposo Jim partió durante seis meses a un campamento de entrenamiento militar. Durante su ausencia yo inventé un sistema muy sencillo de contabilidad. Tomé una caja de zapatos donde ponía a diario todas las facturas y recibos. También compré una libreta de contabilidad en una tienda de artículos para oficina. Cada página de la libreta tenía dos columnas; una se titulaba "débito" y la otra "crédito".

Aunque no lo creas, solo existen unas pocas reglas básicas que deben seguirse en la contabilidad, y regirse por ellas hace de esta labor una disciplina meticulosa, exacta, y además sencilla. Una regla es que cada suma de dinero pertenece a una de las dos categorías: débito o crédito; es un gasto o un ingreso, una ganancia o una pérdida, un pasivo o un activo.

Ya que solo hay dos columnas en la página contable básica —débito y crédito—, el trabajo del contador consiste en determinar qué cantidad de dinero utilizada es un débito o un crédito. Con un criterio contable, y esta sencilla regla para diligenciar el libro de registros, el contador toma una decisión consciente de dónde registrar cada dato.

> *Tienes que decidir si consideras cada dificultad como un gozo o como una pena.*

Yo siempre tomaba la caja de zapatos, sacaba uno de los papeles, y decidía en qué categoría clasificarlo en la página contable. Tenía que verificar si cada recibo, cantidad y pago eran débito o crédito. Si era dinero saliente, era un débito y lo anotaba en la columna correspondiente. Si era dinero entrante era un crédito, y lo apuntaba en la columna correspondiente. Es como el registro de cheques que se encuentra al respaldo de tu chequera. Échale un vistazo. Notarás que tiene las mismas dos columnas, y que cada suma de dinero que manejas aparece registrada en alguna de ellas.

"Tener" (considerar, estimar, evaluar, o contar) las pruebas por sumo "gozo" es una disciplina muy similar. Por decirlo de algún modo, tú (y yo) tenemos que llevar la contabilidad y tomar cada decisión consciente respecto a cada una de nuestras dificultades. Tenemos que decidir si consideramos cada dificultad personal como un *gozo*, o si la estimamos como una *pena*. Estas son las únicas dos opciones en cuanto a tu contabilidad espiritual. Cuando presentas cada problema ante Dios en busca de la ayuda que necesitas, tal vez le digas: "Señor, esta prueba *no parece* gozo alguno, y es indudable que no *me produce* alegría. No logro comprender cómo puede esto *convertirse* en gozo. Sin embargo, me acojo a tus normas divinas de contabilidad y cuento esta prueba por gozo".

Entonces en obediencia, y con pluma en mano, tomas la decisión, y en un acto deliberado anotas tu prueba en la columna de "gozo". Así es como se toma la decisión de tener tu prueba por gozo, como un crédito, un activo, un ingreso, ¡algo positivo!

¿Reacción o sumisión?

Ahora volvamos a lo que me sucedió el día en que hallé en mi buzón de correo el mensaje acerca del curso de entrenamiento ministerial. Tan pronto recordé las instrucciones de Dios acerca de cómo manejar las pruebas —tenerlas por sumo gozo— rompí mi carta de apelación y mi nota de renuncia. En mi corazón sabía que no eran más que una reacción personal, no la acción que Dios demandaba de mí. Lo único que Él me pedía era "tener por sumo gozo". Él esperaba una respuesta *piadosa*, *madura*, *gozosa*, una respuesta *suya*. Pero ¿cómo podía yo hacerlo?

Por su gracia, me calmé, y aquieté mi mente y mis emociones. Sumergí la dura y fría punta de mi pluma espiritual en la tinta de la obediencia. Con la ayuda de Dios elegí poner esta prueba en la columna del "gozo". Me sometí a su mandato absoluto de estar gozosa. Y otra vez, con la ayuda de Dios, usé mi mente y mi voluntad para pasar por alto mis sentimientos y emociones, y de manera voluntaria, anotar con actitud sincera esta exigencia al parecer injusta, indeseable, angustiante y sorprendente (en pocas palabras, esta prueba) en la columna del "gozo". Al fin lo "tuve por sumo gozo".

Puedo decirte que pasar por este proceso de tomar la decisión y rendirme a lo que Dios eligió para mí —la elección de tener por gozo las pruebas— obró un cambio en mi actitud. Pude entregarme de corazón a las prolongadas sesiones, lecturas y tareas del entrenamiento gracias a que obedecí el mandato de Dios acerca del manejo de las pruebas de Santiago 1:2. Él me mostró el camino —la senda *de Dios*— en medio del reto que enfrenté. Además, como un regalo del cielo, aprendí a lo largo del entrenamiento muchas verdades bíblicas que me permitieron crecer como cristiana en un sinnúmero de formas. Esto redundó en un ministerio más sólido que beneficia a las mujeres a las que Dios me ha permitido conocer.

Una disciplina diaria

> *Es vital dedicar tiempo a diario en la presencia de Dios y tomar tu libreta de contabilidad espiritual para procesar cada prueba, una por una.*

También puedo decirte que mi lucha con esa prueba de ninguna manera terminó tras esa sola decisión de tenerla por gozo. No fue así. No fue una decisión única y suficiente que perduró varios meses. En absoluto. Por lo menos una vez al día y durante *varios* meses, tuve que tomar la decisión de "tener por sumo gozo", una y otra vez.

Así como aprendí por las malas a manejar mi contabilidad diaria, aprendí a manejar mis dificultades diariamente. Por ejemplo, si dejo de registrar mi contabilidad, me atraso y pierdo el manejo de nuestras finanzas. Me siento sobrecargada por la cantidad de datos contables que precisan atención. El tiempo que requiere poner al día el trabajo atrasado parece imposible de recuperar. Además, olvido asuntos importantes, como pagar una factura, y termino en la columna negativa. En cambio, si llevo mi contabilidad diariamente, siempre estoy al día. No hay desperdicio de tiempo ni energía.

Lo mismo sucede con mi contabilidad personal de las pruebas. Si las manejo diariamente, presentándolas a Dios y sopesando cada una en oración, y luego la registro en obediencia teniéndola por sumo gozo, soy menos propensa a omisiones o sobrecargas.

Por eso es vital dedicar tiempo a diario en la presencia de Dios y tomar tu libreta de contabilidad espiritual para procesar cada prueba, una por una. Te animo a que apartes todos los días un tiempo para orar y llevar tu contabilidad espiritual. Una mujer gozosa es aquella que sortea a diario sus problemas con fidelidad y obediencia, poniendo cada dificultad en la columna del gozo. Aunque caigan lágrimas sobre la libreta de cuentas, el hecho de evaluar y tener por sumo gozo nuestras pruebas lo cambia todo por completo.

Perseverancia en medio del dolor

Siempre que me veo tentada a sentir lástima de mí misma o a creer que nadie sufre tanto como yo, echo un nuevo vistazo a Job, el patriarca del Antiguo Testamento. Job era un hombre justo, intachable y piadoso, que trabajaba duro y oraba fielmente. Era un padre ejemplar cuyo deseo era obedecer a Dios en todo. No obstante, su fe en Dios fue probada con grandes calamidades físicas, económicas y espirituales. Gracias a la perservancia en medio de su dolor, Job

Aun cuando el sufrimiento nos debilita, podemos ser fuertes por la gracia de Dios.

abrió el camino para todos aquellos que sufren infortunios. Al final, este hombre que declaró "sea el nombre de Jehová bendito" (Job 1:21) en medio de sus pruebas, recibió la bendición sobreabundante del Señor (42:12).

Uno de mis versículos predilectos es 2 Corintios 12:10, y enseña claramente que hay muchas clases de dolor. Este versículo presenta el cierre victorioso del discurso del apóstol Pablo acerca de su sufrimiento personal, de su "aguijón en la carne" (v. 7). Después de escuchar las promesas de Jesús acerca de su gracia suficiente para soportar el sufrimiento, Pablo declaró: "Por lo cual, por amor a Cristo me gozo en…

> …debilidades [enfermedades],
>
> …afrentas [insultos y maltratos],
>
> …necesidades [privaciones y penurias],
>
> …persecuciones [tormentos],
>
> …angustias [dificultades y momentos difíciles]" (2 Co. 12:10).

Piensa en esto. Pablo enumera cinco tipos diferentes de sufrimiento y adversidad. Y, como dicen los eruditos bíblicos, no es una lista exhaustiva de las pruebas que Pablo sufrió. Esto significa que nunca somos las únicas que sufrimos. Aunque el sufrimiento tiene muchas facetas, es común a la raza humana por la caída de Adán en el huerto de Edén (Gn. 3:1-7).

Sin embargo, la buena nueva es que podemos perseverar en medio del dolor. Aun cuando el sufrimiento nos debilita, podemos ser fuertes por la gracia de Dios. Si guardamos el mandato de Santiago de "tener por sumo gozo" y si seguimos el ejemplo de Pablo de gozarnos en el poder de Cristo (2 Co. 12:9-10), tú y yo podemos obtener la victoria sobre nuestras pruebas. Y, al igual que Job, sabemos que al final de cada prueba nos aguardan las bendiciones.

–Un paso adelante–

Un camino o una senda es un complemento muy útil en cualquier jardín o patio. Asimismo, tu vida se vuelve más ordenada y manejable cuando tienes un camino delante de ti. En tu andar diario, y en medio de las pruebas que siempre llegan, tu día y tu vida funcionan mejor y más fácil cuando sigues la senda que Dios te ha trazado. Si el dolor y el sufrimiento son parte del camino que debes seguir, ¿por qué no embellecerlo y adaptarlo con el gozo que en su gracia Dios te da? Como aconseja Santiago: Cuando te ves envuelta en pruebas, no te apartes de la senda de Dios en ese momento. Más bien, utiliza tus capacidades contables mediante las cuales puedes "tener por sumo gozo".

¿Hay en este momento exigencias "imposibles" que te han sido impuestas? ¿Alguna dificultad que te entristece? ¿Alguna relación que te desconcierta? ¿Alguna molestia, una pequeñez que te inquieta, un inconveniente que te roba el gozo con facilidad? ¡Da gracias! ¡Gózate! Hay esperanza. Hay un camino en medio de todo esto, de todas las pruebas. Dios te ayuda a encontrar su camino, su senda, su paz, y su gozo en medio de todo. A estas pruebas de la vida se refiere Santiago. Según Dios, la solución soberana, independiente de la complejidad del problema, es muy sencilla: "tener por sumo gozo".

Dios te llama a dejar a un lado tus sentimientos, tus temores y tus emociones, para tomar la determinación de tener todas las pruebas por sumo gozo, sin excepción. Las bendiciones vienen cuando obedecemos el sencillo mandato de Santiago de enfrentar cualquier dificultad con gozo, de elegir una actitud gozosa como una determinación consciente. Detrás de las muchas pruebas que soportó Job, había bendiciones para él. Y las bendiciones llegaron para mí cuando acaté el consejo divino de tener mi prueba —la de asistir a las clases de entrenamiento ministerial— por sumo gozo, y cuando elegí tomarlas con una actitud gozosa.

Seguir las pautas contables de Dios y usar su sencillo sistema de catalogación nos perfecciona y forma, y nos hace crecer en paciencia. Santiago 1:2-4 dice: "Hermanos míos, tened por sumo gozo cuando os halléis en diversas pruebas, sabiendo que la prueba de vuestra fe produce paciencia. Mas tenga la paciencia su obra completa, para que seáis perfectos y cabales, sin que os falte cosa alguna". Perseverar en medio de las pruebas nos hace fructíferas. Uno de los frutos es la belleza de ser una mujer gozosa, en medio de cualquier circunstancia y carencia en tu vida. Este es uno de los pasos que Dios te ordena dar para encontrar y permanecer en su senda. Enfrentar tus pruebas como *Él ordena*, teniéndolas por sumo gozo, es *la manera* adecuada de sobreponerte a las dificultades con una actitud sobrenatural de contentamiento que redunda en honor y gloria para Él.

¿Qué tan fuertes son tu fe y tu confianza en Dios? Tus pruebas y dificultades son la oportunidad perfecta para manifestar el gozo. ¡Tú *puedes* enfrentar tus problemas con una actitud positiva! *Puedes* ser gozosa aun si parece que todo tu mundo se desmorona. ¿Cómo? Ya sabes la respuesta: tenlos por sumo gozo. Esto te pone en la senda de Dios en medio de tus problemas.

Cristo es más que la solución a tu dificultad y tu fatiga. Él te dará en abundancia todo lo contrario: gozo y deleite.

Jonathan Edwards

3

Evaluar los sucesos

Hermanos míos, tened por sumo gozo
cuando os halléis en diversas pruebas.
Santiago 1:2

Todo el mundo enfrenta y experimenta pruebas. Sin embargo, aprendí nuevas facetas de los problemas gracias a las mujeres que se inscribieron en mi curso bíblico sobre el libro de Santiago, tan pronto como empezamos a buscar la senda de Dios en medio de ellos. Cuando concluimos nuestro estudio de Santiago capítulo 1, en la primera noche de clase, dejé la siguiente tarea: anotar las pruebas que te sobrevienen a diario durante una semana, cómo decidiste tenerlas por sumo gozo, y los resultados obtenidos.

Nunca pensé que esta tarea se convirtiría en una actividad transformadora para las damas que asistieron, ni que lo tomarían con tanta seriedad. La semana siguiente cada trabajo se extendía por lo menos cinco páginas completas. Las estudiantes anotaron *todas* sus pruebas, y registraron lo sucedido cada día durante toda la semana.

Cuando una de las mujeres dio a conocer su problemática, su relato me conmovió profundamente. Su esposo había recibido un ascenso laboral que la obligaba a mudarse con su familia, sus posesiones y sus mascotas al otro lado del país. Para mudarse a California tenía que dejar su casa, su iglesia, sus parientes y amigos. Algunas semanas después de la mudanza, su esposo y padre de sus hijos decidió abandonar a su familia, y dejó a esta amada mujer abandonada y sola como una extraña en tierra extraña. ¡Y ahora su tarea para la clase bíblica era tener *todas* sus pruebas por sumo gozo durante *toda* una semana! Ella se preguntaba cómo podría hacerlo. No estaba segura de poder lograrlo.

Te contaré más acerca de ella en un momento, pero ahora volvamos a mi clase bíblica, ¡de regreso a clase!

Falsas ideas acerca de las pruebas

Una noche pregunté a estas mujeres de mi clase nocturna: "¿cuáles son algunas ideas malinterpretadas o reacciones equivocadas que a veces tenemos frente a las pruebas?" Estas son algunas ideas falsas y antibíblicas, y algunas respuestas erróneas que ellas presentaron:

- Pensar que Dios me está castigando: "¿Y ahora qué hice?"

- Pensar que Dios me está juzgando: "Dios debe estar enojado conmigo".

- Pensar que Dios me ha olvidado: "Me ha vuelto la espalda. Me ignora. Ya no soy importante para Él".

- Pensar que debo ser inferior a otros: "No soy tan buena como otros cristianos. Por eso tengo que sufrir así".

- Pensar que la prueba se debe a falta de amor de Dios: "Dios ya no me ama".

- Pensar que la prueba es algo que debo eludir, superar rápido o manipular: "¿Cómo puedo poner fin a esto ya mismo?"

- Pensar que la prueba es algo vergonzoso: "¿Qué pensarán los demás? Si alguien se da cuenta, mi reputación sufrirá".

Pensamientos erróneos como los anteriores pueden llevar a respuestas equivocadas como:

- Preguntarse: "¿Por qué yo?": "¡Esto solo me pasa a mí!"

- Culpar a otros: "Es culpa de alguien más".

- Culpar a Satanás: "Esto es obra del diablo".

- Cuestionar a Dios: "¿Por qué, Señor? ¿Qué haces? ¿Qué me pasa? ¿Qué hay de mi vida?"

- Hundirse en la depresión: "¿Dónde están mis ropas ásperas... dónde puedo rociarme de ceniza?"

- Acobardarse y temer dar cualquier paso o avanzar: "No me atrevo a salir de casa. Algo más podría sucederme".

- Enojarse con Dios, con otros, y consigo misma: "¿Cómo puedes hacerme esto, Dios? Estoy harta de esta gente. Nunca haré algo bien. ¡Olvidemos todo este asunto del cristianismo!"

- Reaccionar con cierta incredulidad: "Yo pensé que ser cristiano significaba ser feliz y gozar de una vida sin problemas".

- Reaccionar con frustración: "Esto es absurdo. Puedo tener una vida mejor sin esto".

- Atribuir maldad a Dios al creer que Él se deleita en tu sufrimiento: "¿Esto te divierte, Dios?"

- Desestimar la prueba: "Es mi destino, una coincidencia, algo que ocurrió por azar, un poco de mala suerte".

- Subestimar a Dios: "Yo sé que Él lo sabe todo y que se interesa, pero supongo que simplemente no puede evitar que esas cosas sucedan; quizá es incapaz de detenerlas".

- Ver las pruebas como una interferencia, una molestia o una interrupción: "No es

> más que un problemita molesto que toca soportar".

Espero que tú hayas decidido ya seguir las instrucciones certeras de Dios para manejar las pruebas, para encontrar su senda en medio de tus problemas y andar en Él victoriosa. Y si has caído en alguno de los anteriores errores de apreciación acerca de tus pruebas, o has expresado alguna de las respuestas citadas, debes saber que no eres la única. Las mujeres de mi clase y yo basamos las listas en nuestras propias experiencias.

Sé que la gracia de Dios te facultará para observar tus pruebas desde su perspectiva divina. ¿Has seguido las instrucciones de Dios de tener por sumo gozo cada prueba? ¡Grandioso! Ahora, ¿cuál es el paso siguiente para ser una mujer gozosa?

Conocer el verdadero gozo

Santiago lo resume en 10 palabras. Él dice que no solo debemos evaluar el contenido de cada prueba como gozo, sino que añade una pequeña palabra que encierra un gran mensaje. Él dice: "tened por *sumo* gozo cuando os halléis en diversas pruebas" (Stg. 1:2). *Sumo* gozo habla de gozo puro, sin mezcla, en su máxima expresión, gozo verdadero. La Palabra nos exhorta a tener cada prueba por gozo y nada más. Una mujer piadosa considera que sus pruebas son un *gozo*, aun en medio del dolor.

Cuando una mujer lleva su contabilidad espiritual, analiza y evalúa con cuidado los sucesos de su vida, y de manera voluntaria cataloga sus pruebas en la columna del "gozo", para así determinar que es un gozo absoluto, puro gozo. Ella toma la decisión de considerar cada prueba como un vehículo de gozo. Cuando *elige* estimar cada prueba —terrible o trivial— como sumo gozo, y nada más que gozo, la evalúa con los ojos de la fe.

Cuando era practicante en el programa evangelístico de la iglesia, memoricé varios versículos con el fin de utilizarlos en el momento de comunicar el evangelio de Jesucristo a otros. Uno era Habacuc 1:13, que es una declaración acerca de la persona y la naturaleza de Dios: "Muy limpio eres de ojos para ver el mal, ni puedes ver el agravio". En otras palabras, los ojos de Dios son demasiado puros para contemplar la maldad.[1]

A manera de ilustración de este versículo, los asistentes al entrenamiento debíamos imaginar un galón de pintura blanca pura. Luego, que al caer en él *una* sola gota o una partícula de pintura de cualquier otro color, ya no sería completamente blanca; aun si se trataba de una pintura blanquecina, el galón ya no sería blanco puro.

Mira tus pruebas con los ojos de la fe y cree con un corazón confiado que son gozo y nada más.

Con este ejemplo en mente, recuerda la imagen del contador, que no mira cada cantidad de dinero y la evalúa según la medida de una escala, y tampoco hace un cálculo aproximado. Ese solo valor es 100% débito o 100% crédito, no hay punto medio. Tú debes pensar igual a la hora de evaluar tus pruebas. No emplees una escala (por ejemplo, del uno al diez) aparte del 100%. Cree que cada prueba no es otra cosa que sumo gozo, gozo completo. Mira tus pruebas con los ojos de la fe y cree con un corazón confiado que no hay una sola gota ni partícula alguna en tus pruebas aparte de gozo puro, absoluto y verdadero, al 100%.

Este proceso de evaluación es una disciplina. Anoté en mi diario estas palabras de mi antiguo pastor, John F. MacArthur, cuando predicó sobre el primer capítulo de Santiago y del gozo verdadero que nos pertenece:

Evaluar una prueba como fuente de gozo es algo que un cristiano debe hacer como una disciplina, ya que el gozo no es la respuesta humana y natural a los problemas. El creyente debe hacer un compromiso deliberado de enfrentar cada prueba con una actitud gozosa.

Gozarse a pesar de todo

Ya he mencionado al apóstol Pablo y su sufrimiento. Ahora, observa una breve muestra de sus muchas aflicciones. En 2 Corintios 11:23-27 Pablo relata:

- "[He estado...] en trabajos más abundante; en azotes sin número; en cárceles más; en peligros de muerte muchas veces. De los judíos cinco veces he recibido cuarenta azotes menos uno.

- "Tres veces he sido azotado con varas; una vez apedreado; tres veces he padecido naufragio; una noche y un día he estado como náufrago en alta mar;

- "[He estado...] en caminos muchas veces; en peligros de ríos, peligros de ladrones, peligros de los de mi nación, peligros de los gentiles, peligros en la ciudad, peligros en el desierto, peligros en el mar, peligros entre falsos hermanos;

- "[He estado...] en trabajo y fatiga, en muchos desvelos, en hambre y sed, en muchos ayunos, en frío y en desnudez".

¡Vaya sufrimientos, ofensas, peligros y traiciones! Con todo, es el mismo Pablo que tantas veces habló acerca del gozo. En el libro de Filipenses —considerada a veces como la epístola del gozo (y que Pablo escribió desde la prisión)— Pablo dijo con alborozo:

- "en esto me gozo, y me gozaré aún" (Fil. 1:18).
- "gozaos en el Señor" (3:1).
- "nos gloriamos en Cristo Jesús" (3:3).
- "regocijaos en el Señor siempre" (4:4).
- "el Dios de paz estará con vosotros" (4:9).

–Un paso adelante–

El arte del paisajismo ofrece una gran variedad de estilos de caminos para jardines. Uno de ellos es un sendero de piedras planas colocadas de tal forma que precisa atención a la hora de cruzarlo. Tu llamado a tener cada prueba por gozo es una de las piedras que Dios pone con cuidado para guiarte a lo largo de su senda en medio de tus problemas.

Mientras meditaba sobre el gozo verdadero —el gozo *puro, sin mezcla*, *total* y *absoluto*, *alborozado* y *supremo*— me di cuenta de que por naturaleza me inclino a considerar cada prueba como nueve partes de gozo, mientras me reservo una décima parte de dolor. Algo dentro de mí disfruta con guardar una parte del problema para lamentarme, atraer la atención de otros, tener un tema de conversación, sentir lástima de mí misma, alimentar el "complejo de mártir" o la actitud de "pobrecita yo" en la que a veces me complazco. En ocasiones me agrada sentir, al menos un poquito, lástima de mí misma. Y aun así, está mi Dios omnisciente que nos promete "plenitud de gozo" y "delicias a tu diestra para siempre" (Sal. 16:11), y que me enseña claramente a tener todas mis pruebas por *sumo gozo*.

¿Recuerdas a la estudiante cuyo esposo la abandonó después de haber hecho una gran mudanza? Así es como ella evaluó sus pruebas:

> Si la Biblia no me dijera en Santiago 1:2 "tened por sumo gozo cuando os halléis en diversas pruebas", no me pondría a disciplinar mi mente en obediencia como lo hago ahora. La prueba que enfrento en este momento me ha llevado a buscar el corazón, la mente y la voluntad del Señor, y a aferrarme a Él como nunca antes. Agradezco que me hayan enseñado a hacerlo, a tener mis pruebas por sumo gozo, y a perseverar en la fe. De lo contrario, el dolor, el sufrimiento y la confusión serían insoportables. Esta semana, al poner en práctica este, y otros versículos, busqué obedecer y considerar mis motivos de gozo:
>
> - Puedo ver la mano y la obra de Dios en mi vida con una fidelidad asombrosa cuando habla por medio de sus amados y de sus siervos.
>
> - Busco vivir la vida a la cual Él me ha llamado con un fervor inusitado.

- Aprendo sus verdades con una profundidad sin precedentes.

- Veo cómo crecen, sin esforzarme, relaciones inesperadas que se han traducido en grandes oportunidades para comunicar mi gozo y mi fortaleza.

- Puedo comprender mejor a otras personas que sufren porque he experimentado el dolor, el rechazo y las heridas.

- En cierta forma, puedo identificarme más con el rechazo que soportó Jesús, y lo amo mucho más.

> El anhelo de mi corazón es ser una mujer cristiana madura que sirve a Dios con todo su corazón, su mente y su voluntad. Tengo por sumo gozo el hecho de que Él me ama y se interesa tanto por mí que me prueba y me hace crecer.

He aquí una mujer que encuentra la senda de Dios en medio de un problema terrible. Debo admitir que casi siento envidia de su fortaleza y crecimiento en el Señor. Quiero lo que ella tiene. Deseo esa cercanía de Dios y la poderosa dependencia de Él que ella experimenta. Al igual que ella, quiero convertirme en una mujer verdaderamente gozosa y madura, una mujer que mira hacia adelante con total optimismo y gozo puro, a pesar de enfrentar dificultades extremas. Si yo pudiera alcanzar ese nivel de gozo y madurez, valdría la pena sufrir cualquier prueba.

¿Deseas tomar pasos que te permitan crecer? Si es así, intenta realizar la misma tarea que asigné para aquella clase. Anota tus pruebas durante una semana; luego, evalúalas a la luz del criterio divino, y elige tenerlas por sumo gozo. Anota además los resultados positivos de esta elección piadosa. ¡Elige seguir la senda hermosa y eficaz de Dios en medio de tus problemas! Con todo cuidado Él ha dispuesto las piedras sobre las cuales puedes andar, y la primera es una actitud gozosa.

¡Elige seguir la senda hermosa y eficaz de Dios en medio de tus problemas!

Es imposible desarrollar el carácter en la comodidad y la calma. Solo mediante pruebas y sufrimientos se puede fortalecer el alma, esclarecer la visión, y alcanzar el éxito.

Helen Keller

4

Esperar tropiezos, obstáculos y calles sin salida

Hermanos míos, tened por sumo gozo
cuando os halléis en diversas pruebas.
Santiago 1:2

En su esclarecedor libro *You Gotta Keep Dancin'* [No pares de bailar], Tim Hansel me dio una gran lección en cuanto a la manera de tratar las pruebas, basada en su experiencia personal. El subtítulo del libro es: "Aunque la vida te golpee ¡puedes elegir el gozo!" El señor Hansel escribió acerca de su propio sufrimiento y el de otros, en un vehemente relato de cómo Dios obra en medio de un trauma físico y emocional. El hilo conductor de su exposición acerca del sufrimiento y la aflicción es la importancia de comprender que el gozo es una elección frente al dolor.

Esto fue lo que le sucedió al autor, un hombre de gran fortaleza y habilidad física, a quien le fascinaba escalar montañas.

En una de sus escaladas, sufrió una caída de un trecho considerable, pero fue capaz de pararse y descender la montaña. De camino a casa, mientras conducía, se preguntaba: "¿Por qué me he encogido? ¿Por qué siento que el volante está más lejos?"

Solo hasta que Tim llegó a casa descubrió lo que pasaba: ¡su espalda estaba fracturada! (¡A propósito de tropiezos, obstáculos y calles sin salida!) Por fortuna, como su cuerpo había quedado en estado de conmoción, fue capaz de seguir moviéndose y conducir su auto de regreso a casa a pesar de la lesión. Sin embargo, ahora su vida en "casa" significó más de 20 años de aprender a vivir con dolor crónico, de comprender, cada doloroso día, que la desgracia no tiene por qué robarle el gozo a una persona.

Pasar por tus pruebas

¿Has oído acerca de las cinco etapas que, en teoría, atraviesa una persona después de experimentar una pérdida, un gran cambio o un trauma? Esta es una secuencia aproximada:

- La primera es la negación, rehusar creer lo que ha sucedido.
- La segunda es la ira, el sentimiento de enojo por un deseo truncado.
- La tercera es la negociación, intentar hacer tratos con Dios.
- La cuarta es la depresión, un síntoma de cólera prolongada y reprimida, y de culpa.
- Y la última es la aceptación. Esta etapa positiva se vive cuando la persona se da

> cuenta de la realidad, de que ésta no va a cambiar, y comprende que es un hecho inalterable.[1]

¿Te das cuenta de que cuando manejas tus pruebas como Dios ordena puedes obviar las cuatro primeras reacciones de esta lista (negación, ira, negociación y depresión) y pasar directo a la aceptación? Esto sucede si tienes "por sumo gozo" cuando te hallas en diversas pruebas. Si lo haces, pasas directo a la aceptación gozosa. "El fruto del Espíritu es... gozo" (Gá. 5:22), y tener por gozo tus problemas te permite dar el fruto del Espíritu en tu vida. Para "andar en el Espíritu" (v. 16) en medio de tus problemas, debes escoger el gozo.

Piensa de nuevo en Tim Hansel y en su proceso de aceptar ese dolor crónico y vivir con él. En su libro cuenta que se encontró con Joni Eareckson Tada para escuchar acerca de su experiencia de haber perdido toda sensibilidad, e incluso dolor, por una fractura de nuca que sufrió siendo adolescente. Él contó que al final de su entrevista con Joni, su hijito se acercó a él, saltó sobre su regazo y le dio un gran abrazo. Aunque el apretón le dolió muchísimo, Tim pensó para sí: "¡Vaya! Aceptaré el dolor porque aún puedo sentirlo!" En su proceso de aprender a soportar y manejar el dolor, el señor Hansel escribió:

> Si hemos de tener gozo en nuestra vida, debemos primero descubrir a qué se parece. No es un sentimiento, sino una elección. No se basa en las circunstancias, sino en la actitud. Es gratis, mas no barato. Es el resultado de una relación cada vez más íntima con Jesucristo. Es una promesa, no un trato que podemos hacer con Dios. Está a nuestra disposición si noso-

> tros estamos dispuestos a que Él obre. Es algo que podemos recibir por invitación y por elección. Es algo que requiere compromiso, valor y paciencia.[2]

Estas reflexiones se encuentran en la sección titulada "Elige el gozo", del libro de Hansel. En esta parte de su libro él subraya una y otra vez que debemos *elegir* el gozo y tener nuestras pruebas por sumo gozo.

Frente a las pruebas

Hemos hablado de las pruebas y de nuestra reacción frente a ellas, pero ahora pasemos a ver las pruebas en sí mismas. Santiago nos presenta dos importantes hechos acerca de las dificultades.

Primero, dice que *te hallarás* "en diversas pruebas" (Stg. 1:2). Imagina tu vida cristiana como un juego de mesa. El juego podría llamarse "El camino a la perfección" o "Progreso hacia la madurez". Para jugarlo, mueves alegremente tu pequeña ficha sobre el tablero. Te corresponde el turno de recibir instrucciones y ver lo que traerá tu siguiente jugada. Tal vez la tarjeta te permita avanzar cinco espacios sin obstáculos, o pasar tu siguiente examen, o adelantar a otros jugadores y ser promovido, o conocer al hombre de tus sueños, o ganar un turno adicional con premio (un reembolso sorpresa o un cheque por correo). O tal vez las instrucciones te digan que debes pasar un turno en el hospital, o perder uno sin razón alguna, o

> *Las pruebas no son castigos de Dios ni consecuencias del pecado (aunque el pecado puede derivar en una prueba).*

esperar y ver que otros avanzan en el juego, o en vez de recuperar un pago de impuestos te impongan uno adicional. Con cualquiera de estas jugadas te "hallas" en una prueba.

Esta idea de "hallarse" significa encontrarse, toparse, tropezar, caer en medio de algo, terminar rodeado o envuelto en algo. Alude a que hallarse en pruebas no solo es posible, sino inevitable. En otras palabras, que las pruebas son una certeza; son parte del diario vivir en este mundo.

La parábola del buen samaritano que enseñó Jesús ilustra lo que significa *hallarse en* una prueba (Lc. 10:30–37). En esta historia "un hombre descendía de Jerusalén a Jericó, y *cayó en manos* de ladrones" (v. 30). ¡Ahí está! Este hombre simplemente andaba en sus asuntos y se trasladaba de un lugar a otro, cuando de repente "se halló" en una prueba y "cayó en manos" de ladrones.

Las pruebas no son castigos de Dios ni consecuencias del pecado (aunque el pecado puede derivar en una prueba o empeorar una situación dada). Este hombre incauto cayó en esta situación angustiosa. Se topó con ella. Él no la mereció, no se la ganó, no la planeó, no la quiso ni oró para que pasara. Tampoco estaba loco ni era masoquista; no era un tonto ni un mártir. No la previó ni la esperó. De haber podido, habría cambiado de camino o hecho todo lo posible para evitarla. Aquella prueba simplemente le sobrevino, apareció a la vuelta de la esquina, sin más.

Igual que sucedió con este hombre inocente, las pruebas en las que nos hallamos o que encontramos son externas. No son el resultado del pecado. Vienen por sorpresa, como un choque. Son inesperadas, desconcertantes e inmerecidas. Y nunca, nunca es el momento oportuno para hallarse en una prueba.

Las pruebas son también puntos decisivos. Corrie ten Boom escribió: "El punto decisivo puede anunciarse con una llamada de teléfono o un toque en la puerta". Ella misma se halló en años de prueba como resultado de un toque en su puerta, de soldados alemanes. Ese golpe fue el punto decisivo para que ella pasará de su vida normal a sufrir en un campo de concentración.

Corrie ten Boom se halló en una prueba. El pobre viajero de camino por Samaria se halló en una prueba. Y Tim Hansel también. Cada uno vivió un punto decisivo en sus vidas. Y estoy segura de que cada uno expresó o pensó algo similar a lo que escribió el señor Hansel al enterarse de la fractura de su espalda: "La vida que siempre he conocido nunca volverá a ser la misma".

Claro que estos ejemplos son extremos. Algunas pruebas son grandes, abrumadoras y prolongadas. Sin embargo, otras pueden solo alterar tu día, tu semana o el mes siguiente. Por ejemplo, Corrie ten Boom mencionó "una llamada de teléfono". Todos hemos recibido llamadas telefónicas que anuncian pruebas y señalan que la vida nunca volverá a ser igual. Una amiga me contó de cuatro diferentes llamadas telefónicas que ha recibido en varios años y los efectos que tuvieron sobre su calidad de vida.

- La llamada telefónica número uno anunció que su suegra estaba hospitalizada. Eso cambió su día, o un par de días. Tuvo que cancelar sus compromisos y salir para el hospital para ayudar a su suegra.

- La llamada telefónica número dos avisó que su padre requería cirugía por un problema coronario. Esa llamada alteró varias semanas de su vida al tener que cancelar todas las actividades, llamar a las aerolíneas y reservar un vuelo, y viajar esa tarde para ayudar a sus padres.

- La llamada telefónica número tres le comunicó que su hijo adolescente se había estrellado en el auto. Su hijo estaba bien, pero esa llamada cambió de inmediato la situación financiera familiar, y durante los cuatro años siguientes tuvieron que pagar las reparaciones del auto y aumentar el gasto en aseguradoras por causa de su hijo.

- La llamada telefónica número cuatro anunció que ella tenía cáncer. Como puedes imaginar, esa llamada cambió su día y todos sus mañanas. Sí, esa llamada cambió su vida para siempre.

Tú te has hallado en diversas pruebas, has pasado por uno o más puntos decisivos, y has respondido llamadas telefónicas inesperadas. También yo. Conoces muy bien los diversos mensajeros que pueden notificarte que te hallas en una prueba. Sin embargo, ahora sabes cuál es el paso siguiente que debes dar: tener por sumo gozo cuando te halles en problemas.

En diversas pruebas

La variedad es lo que da sabor a la vida. Bueno, quizá sea también lo que da sabor a las pruebas. El segundo consejo de Santiago para descubrir la solución a los problemas es comprender que nos hallaremos "en *diversas* pruebas". Las pruebas vienen de toda clase, en todas las tallas, y en diversas intensidades. También podríamos decir que nos hallaremos "en *muchas* pruebas", de muchas clases, y muchas veces.

La forma en que se presentan nuestras pruebas también puede variar, no tanto en número como en diversidad. Nunca se presentan del mismo modo. Las pruebas nunca son iguales para dos personas. Son como copos de nieve, cada uno diferente y único. Esto significa que no puedes comparar los sucesos de tu vida con los de tu esposo, o los de tus hijos, o los de cualquier otra persona.

Las pruebas nunca son iguales para dos personas. Son como copos de nieve, cada uno diferente y único.

Por ejemplo, cuando mi Jim fue reservista del ejército durante la guerra del Golfo Pérsico, fue comisionado para tramitar el envío de hombres y mujeres al golfo. También tenía que atender a sus familias en cada aspecto, desde sus finanzas hasta sus emociones. Algunos soldados recibieron llamadas telefónicas como aviso de que partirían en el siguiente avión. Esa fue una dura prueba que ellos y sus familias tuvieron que afrontar.

En cambio, mi prueba fue diferente. El ejército puso en alerta a Jim y le indicó que dejara su equipaje listo en la entrada de la casa y que esperara. Durante cinco meses esperamos una llamada telefónica que enviara a Jim al Golfo Pérsico. En algún momento dije a Jim: "Ya sé cómo manejar tu partida. Apenas nos casamos tuviste que irte por seis meses a un entrenamiento militar. También vas en tantos viajes misioneros que he aprendido a arreglármelas durante tu ausencia. Pero me resulta difícil soportar la espera de una llamada telefónica". Esperar era la prueba que Dios tenía para mí, y resultó ser la más difícil. Quizá para otras esposas lo más difícil fue soportar la partida de sus esposos.

He aquí otro ejemplo. Conozco a dos esposas distintas que han perdido a sus esposos. Para una, la muerte de su esposo fue un instante; sobrevino sin advertencia ni conocimiento previo. Él salió de la casa en su auto para un viaje de trabajo. Ella ondeó despreocupada su mano para despedirse, todavía en pijama y con una taza de café en la mano... y nunca más volvió a verlo vivo. Para ella, el sonar del teléfono aquella noche fue la notificación de su prueba, cuando recibió las noticias de la muerte de su esposo.

El esposo de mi otra amiga nació con una enfermedad congénita. Siempre supo que su vida sería corta. Cuando se casó con mi amiga, ambos sabían que cada día era precioso. De hecho, Dios les dio diez años más de lo previsto por los médicos. Dios les concedió tiempo para tener una familia y criar a sus hijos. Cuando su esposo y padre empezó a decaer, tuvo tiempo en el hospital para hablar con su esposa, para guiarla y aconsejarla, para darle palabras de aliento y dirección, y amor al cual aferrarse en el futuro. Tuvo tiempo de hablar con cada hijo, manifestarle su amor y exhortarlo a vivir como cristianos vigorosos.

Lo que sucedió a estas dos nobles mujeres demuestra lo que quiso decir Santiago al referirse a diversas pruebas. Ambas perdieron a su esposo, pero las circunstancias que las llevaron a ello fueron diferentes. Una pareja vivió cada día con la sombra de la muerte encima. La otra ni siquiera lo imaginaba. Fueron pruebas diferentes en intensidad, en duración, en permanencia y en el resultado final.

–Un paso adelante–

Cuando enfrentes y te halles en diversas pruebas —que también se conocen como tropiezos, obstáculos y calles sin salida— permite que estas verdades o pasos te guíen en la senda que Dios ha trazado.

Paso 1: Verifica que la prueba que enfrentas no sea el resultado de algún pecado, falta o mala elección de tu parte.

Nunca puede haber gozo cuando en tu vida hay pecado. Si es el caso, sé pronta para confesar a Dios cualquier acto de desobediencia, y luego sigue adelante.

Paso 2: No compares tu prueba, tu sufrimiento o tu vida con los de otra persona. Las Escrituras nos enseñan ese principio:

- No debes compararte ni comparar tus problemas con los de otros; no es sabio hacerlo (2 Co. 10:12).

- Tú eres hechura de Dios (Ef. 2:10). No compares la manera como Dios escoge obrar en tu vida con los métodos que usa con otros.

- Tú has sido salvada y llamada por Dios según su propósito (2 Ti. 1:9). Sus pruebas te ayudan a encaminarte en ese propósito.

- Puedes gozarte y deleitarte en toda clase de pruebas. Segunda de Corintios 12:10 menciona al menos cinco clases diferentes de sufrimiento.

- Todo lo puedes en Cristo (Fil. 4:13). Eso incluye tener tus pruebas por sumo gozo, y poder superarlas.

Paso 3: Busca en Dios su gozo y su poder para recorrer su senda en medio de tus problemas. Ora también para tener el deseo genuino de acatar la sencilla instrucción divina de "tener por sumo gozo". Notarás un gran crecimiento en tu vida espiritual, y en tu gozo.

Paso 4: Medita en lo que Dios sufrió. Jesús fue golpeado, abofeteado, traicionado, humillado y asesinado. Con todo, "por el gozo puesto delante de él sufrió la cruz, menospreciando el oprobio" (He. 12:2). Jesús sabía el gran gozo que le esperaba tras cumplir la voluntad de su Padre. Tú también experimentarás gozo cuando sigas a Dios sin retroceder ni vacilar, de lo cual Él se complace.

Paso 5: Recuerda que de tus problemas pueden salir cosas positivas. Soportar con actitud victoriosa las dificultades prueba tu fe y te fortalece y madura, como dice la Palabra: "para que seáis perfectos y cabales, sin que os falte cosa alguna" (Stg. 1:4).

Paso 6: No olvides orar. Debes orar, sin cesar, acerca de todo, en todo momento, por tu día y por los sucesos inesperados que se atraviesen en tu camino, por el toque en la puerta y la llamada de teléfono que sin duda llegarán.

Paso 7: Mira los resultados finales. El fin de las pruebas no es derrotarte a ti, sino a ellas. Tampoco tienen como propósito debilitarte, sino fortalecerte. Cuando recorres victoriosa tu camino a través de cada dificutad, serás más fuerte, más paciente, y más capaz de enfrentar la vida y sus exigencias. El gozo vendrá a ti cuando caminas con Dios en este sendero que conduce a una mayor sabiduría, fe y servicio a Dios.

Sección 2

Cómo ser una mujer estable

La perseverancia no es una sumisión pasiva ante las circunstancias, sino una respuesta activa ante las dificultades de la vida. No es resistencia pasiva, sino la virtud de permanecer firme frente a las tormentas. No es la simple actitud de soportar las pruebas, sino la capacidad de convertirlas en algo glorioso, triunfante.[1]

5

Buscar las bendiciones

Sabiendo que la prueba de
vuestra fe produce paciencia.
Santiago 1:3

Espero que hayas tenido la bendición de conocer a varias mujeres de gran estabilidad. Nunca eres la misma cuando conoces a una de ellas. Jamás olvidaré la primera mujer cristiana a la que conocí y que era un modelo perfecto de estabilidad. Cuando me convertí a los 28 años, Jim y yo empezamos a asistir a la iglesia. Conocí a la esposa del maestro de nuestro grupo de escuela dominical. Era una mujer llena de gracia y dispuesta a escuchar, que quiso convertirse en mi mentora. Siempre que regresaba a casa después de reunirme con ella, le contaba a Jim sin cansarme: "Jim, ella es como una roca. ¡Qué tremenda roca! Con razón su esposo es un hombre de tanta fortaleza, y ella tiene un ministerio tan poderoso con las mujeres de nuestra clase. Es una roca en la que todas podemos apoyarnos, inspirarnos, buscar ayuda y confiar".

Mi nueva mentora era una mujer constante, firme y segura. Ella, y otras como ella, dejaron una profunda huella en todos aquellos que se cruzaron por su camino. Son para nosotras una torre fuerte, y nos dan un ejemplo piadoso de la clase de mujeres que Dios espera que seamos. Esa es una meta que Dios se ha propuesto con nosotras, y debe ser también la nuestra. ¡Queremos ser mujeres de Dios estables!

La vida es rica y abundante. Hay mucho que podemos hacer como cristianos para ayudar a otras personas, y hacerlo exige que en su devenir seamos "firmes". Dios nos dice cómo alcanzarlo, en Santiago 1:3:

La prueba de vuestra fe
produce paciencia.

En otras palabras, Dios usa las pruebas para producir en ti perseverancia. Las pruebas imprimen paciencia a tu carácter, desarrollan constancia y resistencia, producen fortaleza y te hacen una mujer estable.

Las buenas noticias de Dios

En nuestro aprendizaje de cómo podemos afrontar las situaciones difíciles según Dios ordena, su Palabra nos anima. Hasta ahora hemos considerado el hecho que a primera vista puede parecer una mala noticia: que *tendremos* pruebas… *muchas* pruebas, y *diversidad* de pruebas. Recibamos ahora las buenas noticias de Dios, y los pasos adicionales que podemos tomar para encontrar su senda en medio de nuestros problemas. Dios nos da esperanza para nuestro

La resistencia nos espera al otro lado de nuestras pruebas.

corazón herido, confundido y doliente. Él nos da una promesa en Santiago: La prueba de que nuestra fe produce "paciencia". O dicho en otros términos, la prueba de nuestra fe produce resistencia.

Cuando miro este solo versículo de apenas nueve palabras, y analizo las buenas noticias de Dios, veo de inmediato dos hechos alentadores y alegres:

- Habla de la "prueba" de mi fe, no de su quebrantamiento o destrucción.
- Me aguarda un premio al final de la prueba, que es una virtud del carácter: la paciencia. Dios promete que el resultado de todas las pruebas de mi fe en Él será positivo.

Piensa en ello. Se trata de cualidades que tú y yo anhelamos (y necesitamos) tener: paciencia, resistencia, fortaleza. Éstas vienen como resultado de la prueba. La resistencia no viene sin razón; es el resultado de los rigores y las exigencias de la prueba. A pesar del proceso que puede parecer negativo, hay un mensaje positivo y tranformador: la resistencia nos espera al otro lado de nuestras pruebas. Santiago declara que podemos estar seguras de que la prueba de nuestra fe produce paciencia.

Breve estudio de la resistencia

¿Qué es exactamente una mujer estable, una mujer con resistencia? Y ¿cómo podemos reconocerla? Es aquella que soporta todo lo que la vida le depara. No se desmorona bajo la presión, sino que persiste. Para ella no hay obstáculos ni escapismos. No se rinde ni se da por vencida. Para ella no hay excusas. Persevera, no se detiene, prevalece hasta el final.

Y eso no es todo. Una mujer estable es aquella que es firme. No es fácil perturbarla o aturdirla. Es una verdadera roca, como mi primera mentora; es constante, serena, no es indecisa ni vacilante. Es una mujer resuelta y bien arraigada; no es una caña frágil. Es fiel y determinada.

Al considerar esta admirable (y escasa) cualidad, estoy segura de que si te sentaras a escribir las metas para tu vida, nunca soñarías con llegar a ser una caña frágil. Nunca te propondías ser débil, cobarde o infiel. Antes bien, desearías ser una mujer fiel hasta el final, resistente, estable, constante, paciente, una mujer cristiana firme. En resumen, una roca. Esta cualidad es muy costosa, pues solo crece en medio de la tormenta, se nutre con el dolor y los problemas, se cultiva en la tribulación y las dificultades. Como nos dice la declaración que da inicio a este capítulo, con la estabilidad y la resistencia puedes permanecer firme frente a las tormentas.

Con los ojos en la meta

Estoy segura de que tus días y tus semanas se parecen mucho a los míos —largos, difíciles y repletos de ocupaciones. Aun antes de apagar mi alarma en la mañana, ya sé que el tiempo no me alcanzará para hacerlo todo, ¡y eso si transcurre el día sin imprevistos! Pero como bien sabemos, y como nos dice Santiago, cada día también tiene sus altibajos que sorprenden, sus variaciones, sus planes B, C, e incluso D. En pocas palabras, sus pruebas.

Dos hábitos me ayudan a lograr mi cometido diario y a buscar y encontrar las bendiciones de Dios que se encuentran en mi camino. El primero es poner los ojos en la meta, ver más allá de la obra que realizo en el presente. Está claro que aguardo el final del día y la comodidad de mi cama, pero también me centro en los grandes objetivos finales para los cuales vivo a diario, las metas que me he trazado de servir al Señor, a mis seres queridos, a las personas que me rodean. Esos propósitos conforman el gran panorama de mi vida y de mi trabajo. Son el *motivo* de todo lo que hago y sueño lograr. Mi anhelo es bendecir a otros. Quiero usar mi energía para hacer posible que sucedan grandes cosas. Invierto mi tiempo y mi fuerza en las mejores causas para obtener el mejor resultado, y eso es lo máximo que puedo hacer.

El segundo hábito que me sostiene a lo largo de mis días y de los diferentes desafíos que enfrento es recordar al final del día todo lo que se hizo y se logró. Debido a los días tan ajetreados que tengo, y a las pruebas inesperadas que enfrento, es fácil recriminarme por lo que no se hizo y olvidar la gratitud a Dios por mis logros. Con un ojo puesto en las bendiciones del día —y no en sus fallas— puedo ver con claridad la gracia de Dios, apreciar la fortaleza que me da, y reconocer la sabiduría que me ha dado a cada paso del camino; también puedo celebrar el gozo triunfante de descansar en Él en medio de las diversas pruebas que encuentro a mi paso. Recuerdo las ocasiones en las que Dios me ayudó a hacer frente a cada dificultad cotidiana.

A lo largo de la historia los santos han puesto sus ojos en las recompensas futuras durante sus momentos de prueba. En el capítulo 8 veremos en detalle los hombres y las mujeres de fe que aparecen en "El salón de la fe" del capítulo 11 de Hebreos. Su perseverancia en la vida me bendice y me inspira, y sé que lo mismo hará por ti. Por el momento, quiero centrarme en los beneficios que podrás experimentar si miras al futuro, al

> *Aprendemos la paciencia serena y cómo aguardar la ayuda de Dios, y el bien que Él nos promete se revelará.*

crecimiento que te espera al otro lado de la prueba. Escucha al apóstol Pablo, alguien que a pesar de sufrir en gran manera pronunció estas sentidas palabras: "extendiéndome a lo que está delante" (Fil. 3:13). Con esto, Pablo muestra dónde puso su corazón y sus ojos: "prosigo a la meta, al premio del supremo llamamiento de Dios en Cristo Jesús" (v. 14). Él escribió acerca de la ganancia que se obtiene al final del camino del sufrimiento:

- "[Nosotros] nos gloriamos en las tribulaciones, sabiendo que la tribulación produce paciencia; y la paciencia, prueba; y la prueba, esperanza" (Ro. 5:3-4).

- "Y sabemos que a los que aman a Dios, todas las cosas les ayudan a bien, esto es, a los que conforme a su propósito son llamados" (Ro. 8:28).

- "Porque esta leve tribulación momentánea produce en nosotros un cada vez más excelente y eterno peso de gloria; no mirando nosotros las cosas que se ven, sino las que no se ven; pues las cosas que se ven son temporales, pero las que no se ven son eternas" (2 Co. 4:17-18).

El mensaje que Dios nos comunica a través de Pablo es fácil de entender. Él nos dice que el sufrimiento produce carácter. Por medio de las pruebas obtenemos resistencia y perseverancia. Aprendemos la paciencia serena y cómo aguardar la ayuda de Dios, y el bien que Él nos promete se revelará. Nos volvemos más estables al confiar en Él.

–Un paso adelante–

Me encanta el ministerio que Dios me ha dado de escribir y enseñar, porque me permite comunicarme con muchas mujeres cristianas. Es casi imposible manejar todos los correos electrónicos, las cartas y las llamadas telefónicas que me llegan, lo cual es en realidad una carga muy placentera para mí. También puedo conocer y conversar con muchas personas durante mis viajes en los que enseño.

Dios ya ha dispuesto todo lo que necesitas para vivir este día como a Él le agrada.

Cuando las mujeres me abren su corazón para contarme sus problemas, puedo entender mejor a qué se refiere Santiago cuando habla de diversas pruebas y clases de sufrimiento. Mis hermanas en Cristo enfrentan problemas de índole física, mental, social, económica y espiritual, y asuntos familiares y personales. ¡Vaya! Una sola mujer puede hacer frente a diversas pruebas. Multiplica eso por toda la población femenina y te darás cuenta del alcance y la variedad de pruebas posibles.

¿Qué puedes hacer para *permanecer* en la senda de Dios en medio de tus diversas problemáticas? He aquí algunas ideas:

Paso 1: Mira hacia adelante. Céntrate en lo que tienes por delante. No mires atrás… al ayer que era más tranquilo… a las bendiciones del año pasado que fue el mejor… al camino que otros recorren (que casi siempre nos parece menos accidentado y difícil que el nuestro). Dios ha puesto delante de ti *este* día entero, con todos sus desafíos particulares. Además, Él ya ha dispuesto cada cosa, y suplirá a cada instante, en cada paso, todo lo que necesitas para vivir este día como a Él le agrada (2 P. 1:2–4). Dios estará contigo todo el tiempo.

¿Qué te espera? Santiago dice que Dios promete paciencia y resistencia, la preciosa e invaluable resistencia. También sus palabras "bien hecho, sierva buena y fiel" te aguardan al final de cada día y en el ocaso de tu vida.

Paso 2: Céntrate en lo positivo. Está atenta al camino (tienes que *encontrar* la senda de Dios y *recorrerla)*, sin olvidar mirar hacia arriba. Para todos los retos que se presenten a diario en la senda de Dios para tu vida, cuentas con su ayuda. Las mujeres deben sortear muchos asuntos cotidianos, entre ellos el consumo de carbohidratos y el conteo de calorías. Velamos por mantener un peso saludable y por el uso que damos a nuestro tiempo (¡espero que sea productivo!). Sin embargo, el salmista nos advierte con estas palabras: "Bendice, alma mía, a Jehová, y no olvides ninguno de sus beneficios" (Sal. 103:2). Al final de cada día recuerda la bondad de Dios y enumera los múltiples beneficios que has disfrutado.

Paso 3: Céntrate en las promesas de Dios. Santiago pensaba en el porvenir cuando escribió: "Bienaventurado el varón que soporta la tentación; porque cuando haya resistido la prueba, recibirá la corona de vida, que Dios ha prometido a los que le aman" (Stg. 1:12). Y Pedro también miraba hacia el futuro cuando animó a sus lectores a pensar en las bendiciones prometidas, a la "herencia incorruptible, incontaminada e inmarcesible, reservada en los cielos para vosotros" (1 P. 1:4). Como creyente en Jesucristo, estas y muchas otras promesas te dan la fortaleza y el consuelo en medio de cualquier circunstancia de la vida o de cualquier prueba que debas soportar.

Cuando te acercas a Dios en su senda en medio de los problemas, puedes tener la certeza de que desarrollarás una relación más profunda con Él. Según lo que Él ha prometido, tú…

- conocerás su amor
- experimentarás su cuidado
- serás particípe de su provisión
- recibirás su sabiduría
- te deleitarás en su gracia
- lo verás cara a cara al final del camino

Paso 4: Enfrenta tus pruebas con la seguridad de que Dios está contigo. Dios no solo es soberano en todos los sucesos de tu vida, incluso las pruebas, sino que te acompaña en cada paso del camino en medio de ellas. Él te ayudará a enfrentar cada dificultad. Cuando pasas por las aguas y por el fuego, Él estará contigo (Is. 43:2). Él estará contigo en el valle de sombra de muerte (Sal. 23:4). Así como la bóveda de una gran catedral suaviza el sonido de la música, la providencia de Dios mitiga y ennoblece cualquier aflicción, pena, pérdida o prueba que encuentres. Su fortaleza está a tu alcance para darte el poder y la capacidad de permanecer firme frente a las tormentas. Él te ayudará a soportar tus cargas y a convertirlas en gloria.

Si no confiamos en Dios cuando las circunstancias nos parecen adversas, no creemos en Dios.

Charles H. Spurgeon

6

Cambiar tu perspectiva

Sabiendo que la prueba de
vuestra fe produce paciencia.
Santiago 1:3

Hace poco Jim y yo fuimos a comprar un auto (tras repetidas "pruebas" con un auto viejo). En esa ocasión ensayamos conducir un auto nuevo, y el vendedor nos permitió a cada uno probarlo. Cuando llegó mi turno, el hombre me llevó hasta la entrada de una autopista. Después de pasar unos minutos en el carril lento, él me gritó "¡Vamos! No subestime este auto. Está conduciendo como una ancianita. ¡Presione a fondo el pedal y mire lo que es capaz de hacer esta máquina!" Era evidente que él esperaba que yo *realmente* probara el auto, le exigiera mayor desempeño y lo llevara más allá del nivel normal de conducción. Tal vez te haya sucedido lo mismo. O tal vez hayas comprado una prenda de vestir en cuya etiqueta hay un número que indica la revisión del material. Esa calcomanía señala que tu prenda pasó el examen del control de calidad. Fue probada, evaluada, examinada, y aprobada.

O tal vez hayas visto anuncios comerciales en los que contratan a personas, según dicen, para despedazar y estirar las prendas de una marca determinada. Estas personas (vestidas por lo general con la insignia de la marca) se dedican a someter las prendas al máximo maltrato posible porque su trabajo consiste en probarlas y demostrar que son de primera calidad antes de sacarlas al mercado para su venta y uso.

Estos ejemplos nos dan una idea de lo que decía Santiago acerca de la prueba de nuestra fe. Él escribe: "*la prueba de vuestra fe* produce paciencia" (Stg. 1:3). Así como probé aquel auto, y como se examinan y prueban las prendas u otros elementos para asegurar que la mercancía es auténtica y resistente, las pruebas que nos sobrevienen están diseñadas para demostrar que nuestra fe es real y genuina.

Permanecer bajo presión

"La prueba de vuestra fe produce paciencia". Las pruebas que vienen de fuera son exámenes que Dios usa para desarrollar en nosotros paciencia y resistencia. La principal marca distintiva de una mujer estable es que ha sido probada y aprobada en numerosas áreas de su vida y en su fe. Ha permanecido firme bajo las presiones y las pruebas, una y otra vez. Ha pasado múltiples exámenes. ¡Es alguien de verdad!

Como ya hemos visto, nuestro examen espiritual —la prueba de nuestra fe— tiene como propósito poner en evidencia la fortaleza de nuestra fe en Dios. Estas pruebas no están diseñadas para quebrantarnos, ni para debilitarnos. Los exámenes existen porque Dios sabe que *podemos* permanecer a pesar de ellos. Él sabe que podemos manejar la presión, o que podemos aprender a confiar en Él y clamar a Él en busca de ayuda para manejar la presión. También sabe que si no pasamos la prueba la primera vez, tarde o temprano, en repetidas ocasiones, seremos capaces de mantenernos bajo la prueba que fallamos en un principio. Por consiguiente, Él aplica un examen tras otro, a veces valiéndose de circunstancias diferentes, hasta que los aprobamos. Así, llegamos también a saber que podemos soportar la presión. Por ejemplo:

- Sansón falló una y otra vez en su papel como juez de Dios y líder del pueblo, al preferir llevar a cabo sus propios deseos egoístas y pecaminosos. Sin embargo, al final de su vida pasó la prueba final de Dios. Se sacrificó y murió por el propósito divino y por el pueblo de Dios.

- Pedro falló en permanecer bajo presión y negó a Cristo frente a una simple criada desconocida. Aun así, Pedro encaró después a uno de los principales líderes judíos por causa de Cristo, y llegó a ser el hombre a quien Jesús decidió llamar "Pedro, la roca". Según la tradición, Pedro murió como mártir porque su fe en Cristo fue inconmovible.

- Juan Marcos falló de manera vergonzosa cuando cedió a la presión al primer asomo de persecución y abandonó el equipo misionero de Pablo. No obstante, años más tarde, el tiempo y las pruebas maduraron a Juan Marcos, y Pablo lo llamó para ser su colaborador mientras estaba en prisión. Juan Marcos llegó a ser útil en el ministerio de Pablo (2 Ti. 4:11).

Fortaleza en la aflicción

En un tiempo pertenecí a un grupo de lectura de nuestra iglesia que se reunía una vez al mes. Acostumbrábamos leer biografías de cristianos. El título de uno de esos libros, que ya está fuera de circulación, era *Los perseguidores.* Describía las tácticas empleadas por un escuadrón especial de soldados rusos cuya misión era hostigar y torturar creyentes en Cristo. Con todo, los cristianos oprimidos nunca vacilaron en su fe. Permanecieron firmes y constantes —¡pacientes!— en su confianza en Dios, en medio del sufrimiento, el maltrato y la muerte que de otra manera hubieran sido insoportables. Quienes infligían tanto dolor a estos santos solo podían llegar a una conclusión: No existe explicación alguna al hecho de que estas personas torturadas pudieran soportar semejantes vejaciones… a menos de que Dios sea real y, su Hijo, el Salvador, quien perdona los pecados. A raíz del testimonio de su fe, muchos de los perseguidores creyeron que Dios incluso podía salvar y perdonar pecados tan viles como los que cometieron los miembros del escuadrón de tortura. Estos policías rusos se convirtieron.

> *Al enfrentar cada día, y sus problemas, es importante que sepas que tu fe y tu confianza en Dios son reales, auténticas. La fe verdadera te sostendrá en cualquier dificultad.*

¡Qué tremenda prueba! Todas las participantes del grupo de lectura quedaron pensativas y humilladas, asombradas ante el compromiso fiel de estos creyentes, y la fuerza de su confianza en Dios que los fortaleció para soportar un maltrato tan vil. Una mujer del grupo, después de leer este libro tan perturbador acerca de la fe y el ejemplo de valentía de estos cristianos rusos, dijo:

"Cuánto anhelo pasar la prueba si algo parecido me suceda un día. Espero que mi fe sea fuerte y real si algo así me ocurra".

También leímos las biografías de Corrie ten Boom, Jim y Elisabeth Elliot, John y Betty Stam, Helen Roseveare, Madame Jeanne Marie Guyon, y William Carey. Un común denominador en todas estas inspiradoras vidas es el sufrimiento, la persecución, el dolor, la tortura, las carencias, las pérdidas y las muertes que estos santos soportaron por causa de su fe en Jesucristo, porque eran hombres y mujeres de fe.

Fíjate que después de comentar cada libro, la misma mujer de nuestro grupo añadía: "Cuánto anhelo pasar la prueba si algo parecido me suceda algún día. Espero que mi fe sea fuerte y real si algo así me ocurra". Era evidente que le resultaba difícil imaginarse a sí misma soportando esa clase de dificultades, y la oración de su corazón era que su fe pudiera permanecer bajo semejante presión. Creo que ella fue lo bastante sincera para decir en voz alta lo que todas pensábamos.

Al enfrentar cada día, y sus problemas, es importante que sepas que tu fe y tu confianza en Dios son reales, auténticas. La fe verdadera te sostendrá en cualquier dificultad. El pastor británico Charles H. Spurgeon comentó: "Si no confiamos en Dios cuando las circunstancias nos parecen adversas, no creemos en Dios".

La definión de fe

Ya sabemos que las pruebas vendrán (Stg. 1:2 y 3), y que éstas acarrean beneficios al producir paciencia y resistencia en nuestro carácter (v. 3). Ahora debemos prestar atención a la nueva enseñanza de Santiago. Él nos dice que aquello que es probado es nuestra *fe* (también en el versículo 3).

¿Qué es la fe? Se han escrito volúmenes enteros para responder a esta pregunta. Sin embargo, la definición más sencilla es que la fe es creer o confiar.

Para ampliar esta breve definición, podemos decir que la fe es la confianza en Dios y la obediencia a Él. En un sentido más específico, la fe *—auténtica fe salvadora—* es creer en el Señor Jesucristo. Esto conduce a las personas a someterse por completo a su autoridad, y a depositar su entera y exclusiva confianza en Él para alcanzar la salvación —el perdón de pecados, la seguridad y la gloria de la vida eterna.

La fe salvadora en Cristo luego nos mueve a *obras* de fe y de sometimiento diario y práctico a las verdades reveladas por Dios en la Biblia para cada aspecto de la vida.

La prueba de tu fe

Echemos un vistazo a lo que *no* ha sido probado. El versículo no dice que tu cuerpo haya sido probado, si bien podría estar involucrado en el proceso. El apóstol Pablo, que era siervo de Dios, padeció "un aguijón en la carne" (2 Co. 12:7). Con todo, después de orar a Dios tres veces para pedirle que retirara esa aflicción, Pablo se regocijó al darse cuenta de que la gracia de Dios era suficiente, y se glorió en esa verdad. Nada había cambiado. El "aguijón" seguía ahí, pero la fe de Pablo se arraigó más en Dios.

Tampoco dice que tus emociones sean probadas, aunque tus pruebas pueden sacarlas a relucir, e incluso tú puedes sentir que estás al límite de tu capacidad. Un tratamiento doloroso, ver cómo sufre o muere un ser querido, vivir bajo el mismo techo con un adolescente que no se comunica, estar casada con un hombre alcohólico —estas y muchas otras pruebas provocan emociones fuertes. La Biblia llama a los cristianos a controlar sus emociones, a soportar las pruebas con *dominio propio* (Gá. 5:23).

Entonces ¿qué se somete a prueba? Tu fe. La fe es constante cuando las circunstancias son favorables. Pero en tiempos adversos tu fe en Dios se ejercita y activa. Como reza el dicho:

"La adversidad, divina universidad". Es la herramienta que Dios usa para enseñar. Y la fe probada produce un carácter probado. La prueba aumenta tu capacidad para soportar el dolor físico. Te enseña a usar tu mente para pensar y ver la vida y las dificultades a través de los ojos de Dios, según su perspectiva, que por lo general difiere por completo de la nuestra. Él declara: "Mis pensamientos no son vuestros pensamientos, ni vuestros caminos mis caminos" (Is. 55:8). A medida que adquieres autocontrol y que vives sobre la roca de fe, tus emociones inestables serán aplacadas.

La marca distintiva de una mujer estable es un carácter como una roca. No hay atajos para lograrlo. En el momento de nuestra salvación no recibimos el carácter que tanto cuesta adquirir. Tampoco se gana por obras o por la antigüedad de nuestra fe en Cristo. Tampoco nos es conferido ni se nos impone. El carácter nada tiene que ver con nuestro cuerpo, nuestras emociones, o incluso nuestra mente. La fe probada que se abre paso y soporta las dificultades es lo que produce un carácter sobresaliente.

Mujeres cuya fe fue probada

Si has leído alguno de mis libros, sabes que me encanta estudiar las vidas de mujeres de la Biblia. Para mí resulta muy interesante debido a que yo no tuve un trasfondo cristiano, y me convertí a los 28 años. En ese momento ya llevaba ocho años de casada y tenía dos hijas, de uno y dos años. Cuando has vivido tantos años con poco o ningún conocimiento bíblico, sin la sabiduría y enseñanzas de la Biblia, y sin conocer a Jesucristo, la vida se torna poco alentadora. Casi impera el fracaso diario. No hay principios sólidos ni normas para vivir, ni para tomar decisiones, ni para ser una buena esposa y madre.

Pero el día en que oí las verdades acerca de Cristo —que Él era el Hijo de Dios, que había muerto por los pecados de los hombres, que yo podía (¡por su gracia!) recibirle como Salvador, que podía nacer de nuevo, recibir el perdón de todos mis pecados, tener vida nueva, un nuevo comienzo, y ser partícipe de la promesa divina de vida eterna— empecé de inmediato a devorar la Palabra de Dios en la pequeña Biblia que encontré en nuestra biblioteca. Al leer el maravilloso libro divino, consideré las muchas mujeres admirables de las que habla la Biblia.

Medita en estos ejemplos de fe y confianza en Dios. Estas mujeres afrontaron numerosas dificultades en su recorrido por la vida. Con todo, se aferraron a Dios, confiaron en Él, y anduvieron de su mano en medio de sus pruebas. Descubrieron la ayuda de Dios cuando se hallaron en cada prueba.

❧ *La esposa de Noé* fue una de las ocho personas que creyeron y obedecieron a Dios. Cuando Dios dijo: "Entra... en el arca" (Gn. 7:1), Noé, su esposa, y su familia extendida soportaron la peor inundación que ha experimentado el planeta.

❧ *Rebeca* dijo a su padre "sí, iré" cuando el siervo de Abraham le pidió acompañarlo de regreso a la casa de Abraham para casarse con Isaac, sin siquiera haberlo visto (Gn. 24:58).

❧ *Miriam* siguió a su hermano Moisés, condujo a las mujeres por la tierra seca que prodigiosamente apareció cuando el mar Rojo se abrió. Ella no temió por su vida, sino que creyó en la seguridad y la vida mejor que le esperaba al atravesar las aguas que se detuvieron como paredes a su derecha y a su izquierda (Éx. 14:21-22).

- *Rut* dejó atrás todo su mundo conocido para irse con su suegra Noemí a una tierra desconocida porque quería tener el mismo Dios de Noemí, el único Dios verdadero (Rt. 1:16).

- *La viuda de Sarepta* entregó su último puñado de comida para alimentar a Elías, el profeta de Dios, porque confiaba en el Dios del profeta (1 R. 17:12-15).

- *Ester* confió a Dios su futuro al poner en riesgo su vida para salvar a su pueblo, y declarar: "Si perezco, que perezca" (Est. 4:16).

- *Elisabet* se gozó en su Señor, a pesar de haber sufrido a diario durante décadas el escarnio y el dolor por no tener hijos (Lc. 1:7).

Nunca me canso de aprender de estas mujeres. ¿Cómo podría? Son verdaderos ejemplos de fe auténtica. Son modelos dignos de imitar para quienes, al igual que yo, no han tenido uno. Y están siempre a nuestro alcance. Basta que tomemos nuestra amada Biblia y nos sentemos a conversar con ellas. Cada una fue probada a su manera, y soportó privaciones como buen "soldado de Jesucristo" (2 Ti. 2:3). Y sí, también tropezaron, fallaron y cayeron. Pero todas perseveraron, lo cual constituye una evidencia verdadera de la autenticidad de su fe, y un rasgo distintivo de una mujer estable. Ellas siguieron adelante, no se cansaron de confiar en el Dios Todopoderoso, y al final gustaron el fruto de su fe, llegando a ser participantes del conocimiento celestial.

–Un paso adelante–

¿Cuán correcta es tu perspectiva espiritual de tus pruebas? ¿Debes hacer algunos ajustes en tu forma de verlas? La mayoría considera que la "prueba" es algo malo. Quizá te ajterrorizaban los exámenes en la escuela (¡como a mí!). Te pareció desagradable pasar un examen de conducción siendo adolescente, o cuando tuviste que renovar tu licencia. Temías los exámenes a los que te sometían para acceder a un nuevo empleo. Es probable que hayas aprobado algunos exámenes y fallado en otros. Debo admitir, por ejemplo, que yo tuve que presentar dos veces mi examen de conducir para el estado de Washington antes de aprobarlo. Me gustaría que vieras la gran sonrisa que aparece en la foto de mi permiso de conducir y que fue tomada minutos después de pasar mi examen.

Dios sabe que cada prueba será para tu bien, que contribuirá a sus propósitos para tu vida, y que redundará en mayor gloria suya.

Pero ahora ¡mírate! Aquí estás, como una mujer mucho más fuerte, sabia, madura y estable. Eres más lista, más avezada y más útil por haber superado, e incluso por haber destacado en muchas de esas pruebas.

Espero que a estas alturas ya consideres las pruebas como algo bueno. Ellas producen buen fruto en tu vida. Entonces,

¿por qué enojarte cuando te sobrevienen pruebas? Bueno, es cierto que no son muy divertidas, ¿o sí? A veces nos enredamos en el dolor, la angustia o las molestias del momento. En vez de eso, deberíamos verlos como el método de Dios para hacernos mejores mujeres, esposas, madres, hijas, abuelas, empleadas y obreras de la iglesia mucho más estables.

Tal vez no entendieras muy bien por qué te hacían determinadas preguntas en un examen de ciencias o historia, el maestro sí conocía la razón por la cual formuló cada una de ellas. De igual forma, tal vez no entiendas por qué has sido probada de cierta manera, pero Dios sí. Él sabe que cada prueba será para tu bien, que contribuirá a sus propósitos para tu vida, y que redundará en mayor gloria suya, además que te vuelven más dependiente y útil para Él. Luego, Él puede obrar por medio de ti para tocar más vidas con las buenas noticias del evangelio y ejecutar su voluntad.

Anímate cuando avances en la senda de Dios en medio de tus problemas presentes y futuros. Anímate a entender mejor el proceso y el propósito de Dios con esas pruebas. Y anímate con las palabras de este mensaje que he leído en varios parachoques de autos: "Tenga paciencia, por favor. ¡Dios no ha terminado conmigo todavía!"

El resultado de soportar bien las pruebas es adquirir la fortaleza para afrontar todavía más, y triunfar en batallas aún más duras.[1]

7

Aumentar tu resistencia

Pues ya saben que la prueba de
su fe produce constancia.
Santiago 1:3, NVI

Recién casados, Jim y yo vivíamos con un presupuesto limitado, por lo que tuvimos que comprar la mayoría de nuestros muebles en el mercadillo más cercano. Un día encontramos una hermosa cama antigua de bronce. Tenía un tono anaranjado y casi negro por la oxidación del metal, y encontramos sus piezas recostadas contra la pared de un sucio local, escondidas detrás de una cantidad de objetos más atractivos y lustrosos. Sin embargo, el precio se acomodaba a nuestro presupuesto.

Esa antigua cama se convirtió de inmediato en un tesoro familiar. No obstante, tuvimos que limpiarla antes de poder usarla y de sentirnos satisfechos. Así que regresamos de inmediato a casa, la armamos, y Jim se dispuso a buscar la manera de recuperar su color original. Cuando me acerqué para ver cómo iba su trabajo, me asustó ver que Jim no había tomado un paño suave para sacar brillo a la cama de bronce. En lugar de eso, usó una esponjilla de acero y un limpiador caústico, y frotó sin parar. Y cuanto más duro frotaba, más brillaba el bronce. Al final, el mueble revivió y quedó más hermoso de lo que habíamos imaginado.

Las pruebas que Dios usa con nosotras producen un efecto similar en nuestra fe. Sus pruebas son para nuestro bien, y sacan lo mejor de nosotras. Demuestran de qué estamos hechas y lo que hemos aprendido o no como cristianas. Revelan cuánto hemos crecido o cuánto nos hemos estancado. Estas pruebas son como esa "fricción" vigorosa de Dios sobre nuestra vida. Así que debemos ver la intervención de Dios en nuestra vida, por difícil o dura que parezca en su momento, como algo positivo. Eso es posible gracias a que sus pruebas contribuyen a que adquiramos constancia —un carácter como una roca, firme y verdadero, capaz de soportarlo todo.

Por supuesto, en ocasiones no comprendemos el porqué de las pruebas ni lo que pueden obrar en nuestra vida. Las consideramos como algo negativo y doloroso. Sin embargo, recordemos aquella vieja cama de bronce, y cómo brilló después de mucho esfuerzo. Recibamos con gusto las pruebas que Dios pone en nuestro camino. ¡Entonces brillaremos como trofeos de su gracia!

Crecer en paciencia

Cuando atraviesas un momento difícil, te has preguntado alguna vez: "¿Qué gano con esto?" Santiago tenía presentes en su corazón a los cristianos dolientes a quienes él escribía. En su estilo directo, inició sin preámbulos su mensaje y trató de inmediato el tema de las pruebas. Pero no se quedó ahí. Luego centró su discurso en los resultados positivos, la ganancia que reciben quienes soportan la aflicción. Santiago les recuerda a sus lectores y los anima (¡como a nosotras!) con estas palabras: "La prueba de vuestra fe *produce paciencia*" (Stg. 1:3).

¿Qué es lo que viene a tu mente cuando oyes la palabra *paciencia*? ¿Tener que morderte la lengua para esperar tu turno de hablar? ¿Contar hasta diez antes de criticar a alguien? Aunque no son malas tácticas, no representan en realidad la clase de paciencia de la que habla Santiago. Él se refiere a algo superior, a la fortaleza, la inmutabilidad, el aguante. Mi traducción favorita de *paciencia* es "constancia".[2]

Piensa de qué manera podría manifestarse la paciencia y la constancia en tu vida cotidiana. Quizá tendrías la estabilidad que necesitas, una mayor capacidad para soportar que te hace menos inconstante e impulsiva, y más dependiente. ¿Por qué? Porque has permanecido en medio de las pruebas que Dios te ha enviado. Fuiste probada, y hallada fiel. Fuiste probada, y soportaste. Creciste y ahora sabes que puedes permanecer a pesar de la adversidad. Tienes más confianza y menos temor.

Paciencia. Esta es una palabra que nos llama a "permanecer", a perseverar y soportar la presión de la prueba al tiempo que nos acercamos a Cristo. Significa permanecer en Él ya sea en un foso con leones (como Daniel, en el libro de Daniel capítulo 6), en el fuego (como los tres amigos de Daniel, según el capítulo 3 del mismo libro), en un barco que navega en el mar bajo una terrible tormenta (como Pablo, en Hechos 27), o en las pruebas que afrontas en este momento. En cualquier prueba Dios está contigo frente a ella. Y la paciencia y la constancia aumentan porque tú te mantienes, puedes ver más allá, y permaneces firme hasta que la prueba termina. Perseverás hasta el final. ¡Eso sí es estabilidad!

De nuevo digo que estas son las buenas noticias de Dios. La mala es que es un hecho y una certeza que pasaremos por pruebas, ya sean traumas, molestias, dificultades, problemas, dolor o tribulación. Pero ¡gloria a Dios! La buena noticia es que quienes soportan las dificultades gozarán de una mayor confianza en Dios, en su carácter y en su plan. ¡Esa es una cosecha grandiosa!

El poder de las recompensas

¿Tienes un sistema de recompensas para ti misma? Por ejemplo, pensar o decir: "Soy capaz de resistir estas horas, o meses, esta cita médica, esta quimioterapia, esta prueba de laboratorio, esta entrevista de trabajo, esta reunión... porque hay algo especial que me aguarda después". Si no lo haces, inténtalo. Las recompensas son de gran ayuda.

Cuando mi esposo escribió su tesis de maestría y yo le ayudé a mecanografiarla, no cesaba de repetirme a mí misma: "Soy capaz de hacerlo. Puedo hacer este sacrificio. Puedo lograrlo porque cuando haya terminado, Jim y y o tomaremos un fin de semana de vacaciones juntos". Así funciona para mí. Es más fácil para mí manejar los momentos de presión cuando espero un premio al final. Hay una recompensa que me espera.

Y ahora soy escritora, con todo y los plazos de entrega para la publicación, que llegan por cantidades. Las entregas, que son sinónimo de estrés, son parte de mi vida. Cada día, aun antes de levantarme, la fecha siguiente de entrega cae sobre mí como una nube, a pesar de que el sol brille (por cierto, algo raro en el estado de Washington donde vivo). El estrés de las entregas es un problema que aqueja a todos los escritores.

Pero un día escuché el mensaje de un autor que solucionó este problema. Él organizó todo un sistema de recompensas por escribir y terminar sus libros. Señaló ciertas recompensas fraccionadas por días o semanas, y a medida que se acercaba su fecha de entrega, aumentaban y mejoraban. Él utilizó la poderosa motivación que producen las recompensas en la consecución de un objetivo.

Una cosecha de virtudes

Recuerda otra vez la declaración de Santiago: "La prueba de vuestra fe *produce* paciencia". *Produce* es una palabra que se usa en agricultura para referirse a una cosecha o rendimiento. En nuestro caso, la cosecha o el rendimiento que obtenemos de nuestras pruebas es el crecimiento en nuestra fe y confianza en Dios, el florecimiento de la paciencia, que se traduce en resistencia. La paciencia es una virtud que nos ayuda en nuestros problemas y en nuestra vida diaria. Y recibimos una bendición tras otra, pues muchas más virtudes y recompensas vienen como resultado de las pruebas, entre ellas la confianza, la valentía, la constancia, y la semejanza de Cristo.

Confianza. Gracias a la prueba, veo que frente a una situación difícil soy capaz de pensar: *Ya lo he hecho antes, muchas veces, cientos de veces. Esto es algo que ya sé hacer, y que puedo hacer de nuevo*. Como oradora, por ejemplo, puedo acercarme con confianza al púlpito y comunicar el mensaje, aunque mi corazón salta, y oro a cada paso que doy. Estoy convencida de que puedo hacerlo porque lo he hecho antes, una y otra vez. Claro, confío en Dios por completo. Sin embargo, gracias a que en su fidelidad y sabiduría Él me ha entrenado tantas veces en esta prueba de comunicar su Palabra y consejo a mis hermanas en la fe, ya he ganado resistencia, que me infunde confianza.

> *Esas batallas por venir son las que requieren la valentía que se forja en el fuego de las pruebas.*

Valentía. Cuando enfrentas una prueba, la valentía viene como resultado del conocimiento vivencial de la presencia de Dios. Él en verdad ha estado presente, siempre a tu lado en medio de cada prueba que has vivido hasta ahora. Tú y Él ya han salido adelante, muchas veces. Y Él te ayudará a lograrlo de nuevo. Cierto caballero bien lo explicó: "El resultado de soportar bien las pruebas es adquirir la fortaleza para afrontar todavía más, y triunfar en batallas aún más duras". Esas batallas por venir son las que requieren esa valentía que se forja en el fuego de las pruebas.

Constancia. Yo considero que esta es una actitud o disposición que lleva a pensar: *Permaneceré, no importa lo que pase*. Por ejemplo...

...¿y qué del dolor? Una vez leí la biografía de la vida y el ministerio de Billy Graham. Supe que en una de sus campañas multitudinarias, él se resbaló en la bañera del hotel y se fracturó una costilla. Predicó durante toda la campaña con una costilla rota *y* sin un solo analgésico. Rehusó tomarlo porque no quería arriesgarse a distorsionar el mensaje de la Palabra de Dios de ninguna forma; no quería sentirse aturdido ni somnoliento en el momento de comunicar la poderosa Palabra de Dios.

El dolor siempre es una prueba. El dolor nos cuestiona: "¿Vas a soportarlo? ¿Saldrás al otro lado? ¿Serás fiel?" El dolor es solo una prueba de tu resistencia. Y puedes ser constante si permaneces cerca de Cristo, el cual "sufrió la cruz" (He. 12:2). ¿Podría Jesús haber descendido de la cruz? ¡Por supuesto! Pero Él permaneció. Se quedó ahí para cumplir la voluntad de su Padre. Se quedó ahí para ser el sacrificio perfecto por el pecado para que personas como tú y yo pudiéramos tener una relación con Dios por medio de Él. Al igual que nuestro Señor, estamos llamadas a permanecer en medio de las dificultades, las pruebas y las aflicciones que vivimos. Debemos permanecer cada segundo, cada minuto, cada momento hasta el final, cuando la prueba termina.

...¿y qué del cansancio? Un estudiante de primer año de la Universidad de Harvard se acercó a la oficina del decano para explicar por qué había entregado tarde su tarea. Él dijo: "Lo siento, señor, pero no me sentía muy bien". El decano respondió: "Jovencito, tenga en cuenta que en este mundo las personas que no se sienten muy bien son las que realizan la mayor parte del trabajo".

El cansancio nunca es una excusa. De hecho, es una prueba. Si usamos el cansancio como excusa, hemos fracasado y tendremos que volver al proceso de fundición (Zac. 13:9). Debemos tratar esa debilidad y apartarla de nuestra vida. Las mujeres estables no dan lugar al cansancio. Más bien luchan contra el. Permanecen constantes y siguen adelante, bajo cualquier circunstancia.

Nunca olvidaré una reunión anual de ministerios femeniles que tuvo lugar en nuestra iglesia en otoño. Nos reunimos un sábado en la mañana en el gimnasio de nuestra iglesia. A las nueve, nuestro pastor debía saludar a las mujeres, darles un mensaje de aliento y orar por el próximo año de ministerio. Pero adivina qué había tenido lugar la víspera de ese día en la iglesia: una vigilia de oración y ayuno. Cuando la dama encargada de hacer los anuncios desde el púlpito no vio al pastor, dijo: "Bueno, creo que tendremos que pasar al plan B. No he visto a nuestro pastor. Tal vez estaba cansado y se fue a casa después de nuestra vigilia de oración de anoche".

Entonces nuestro pastor se levantó desde un rincón junto a la entrada, se acercó en el momento de los anuncios y dijo: "Aquí estoy". Después de una noche entera sin dormir, y de guiar a nuestra iglesia en ayuno y oración, había venido a ministrarnos y bendecirnos con un mensaje. Él no buscó excusas, sino que fue perseverante y ¡permaneció hasta cumplir con la voluntad de Dios!

¿No sería comprensible justificar su ausencia por el cansancio? Claro que sí. Pero este hombre de Dios maduro no piensa así. Él no permitió que su falta de sueño le impidiera cumplir con su compromiso. ¿Tuvo resistencia? ¡Sí! Había trabajado en la iglesia todo el día, luego había permanecido la noche entera en el culto de oración, y a la mañana siguiente se quedó en la iglesia para comunicar su mensaje. Él no permitió que el cansancio estorbara sus compromisos y su propósito.

Dios no pide que tu corazón esté ahí, sino que estés presente, que seas fiel.

...¿y qué de la enfermedad? La paciencia que resiste es la que te permite lograr tu cometido incluso si estás enferma. Muchas veces he enseñado a pesar de que no me sentía muy bien. He asistido a eventos y he cumplido compromisos cuando me sentía un poco enferma. He aprendido a perseverar porque me gusta cumplir mi palabra. Cuando me comprometo a predicar en algún lugar, las mujeres me esperan. En cuanto a mí, hago todo lo que está a mi alcance en términos físicos, médicos y prácticos para estar bien. Y en los últimos 20 años el único compromiso que no he podido cumplir ocurrió el fin de semana posterior a los atentados terroristas del 11 de septiembre de 2001 en el World Trade Center de Nueva York. Yo estaba en Manhattan, y como se suspendieron todos los vuelos durante esos días de caos, no pude asistir. Mi meta es esforzarme al máximo por llegar al lugar donde he asegurado estar y, una vez allí, dar lo mejor de mí.

La enfermedad es una prueba que te cuestiona: "¿Vas a permanecer? ¿Vas a ser fiel? ¿Vas a resistir?" Permanecer cerca de Cristo y habitar en Él te permitirá afrontar la prueba de la enfermedad.

...*¿y qué de la tristeza*? En los diferentes ministerios en los que he partícipado, he pasado mucho tiempo ayudando a mujeres solteras universitarias, y a profesionales. En ocasiones, las emociones se exaltan, sobre todo cuando alguna se separa de su novio que también asiste a nuestra iglesia. Lo primero que muchas mujeres dicen en esta clase de situación es: "Voy a cambiarme de grupo. Así no tendré que verlo. No soportaría volver allí y tener que verlo".

Una mujer también me dijo: "No puedo soportar esta pena. Voy a cambiar de grupo de estudio bíblico". Como su consejera yo le dije: "¡Espera un momento! Ese es *tu* estudio bíblico. Llegaste ahí antes que él. ¿Vas a dejar que su presencia te aleje del curso?" Y continué: "Ahí están tus amigas, tu ministerio, tu clase de escuela dominical". Esta mujer resolvió quedarse y permanecer, hasta que, en palabras suyas, un buen día la tristeza desapareció. Había aprendido a resistir con paciencia.

Otra mujer con quien me reunía refirió una pena semejante: "No soporto asistir a este ministerio porque él está ahí y tendré que verlo". También le dije: "Bueno, esta es tu prueba de fidelidad". Ella contestó: "Pero mi corazón ya no está en el ministerio". Con toda la amabilidad posible expliqué: "Dios no pide que tu corazón esté ahí, sino que estés presente, que seas fiel. Luego trabajaremos para que tu corazón participe, pero por ahora es necesario que estés ahí de cuerpo presente".

Este fue mi consejo para estas dos mujeres porque estamos llamadas a ser "fieles en todo", aun cuando nos sentimos tristes (1 Ti. 3:11). Y eso exige resistencia. Sentir tristeza, pena, y un corazón afligido nunca es agradable. Es una prueba. ¿Seremos constantes en nuestras responsabilidades? Una mujer estable, casada o soltera, no se da por vencida, sino que permanece. La renuncia es una actitud pasiva. Es fácil renunciar, pues no requiere esfuerzo alguno. Renunciar es una derrota; es como decir "me rindo". En cambio, la perseverancia es activa. Permanecer es una decisión voluntaria. La perseverancia trae la victoria.

Al final, estas dos mujeres que estaban bajo mi cuidado y que tenían problemas sentimentales experimentaron la victoria, porque permanecieron donde debían estar. No renunciaron ni abandonaron. Dios honró su determinación de ver más allá de sus pruebas, al resultado final. Él les dio la gracia de resistir con paciencia, hasta que crecieron y su prueba produjo en ellas una resistencia mayor. Después de la prueba nunca volvieron a ser las mismas; llegaron a ser más sabias, más fuertes, más estables, más parecidas a una roca.

La semejanza de Cristo. Te recuerdo la pregunta que hice: "¿Qué gano con esto?" Bueno, aquí estamos frente al beneficio supremo y la excelsa recompensa de permanecer en la prueba hasta el final: llegamos a ser más como Cristo. Nuestra fe abona el terreno para que otras virtudes se desarrollen. En 2 Pedro 1:5-7 aparece un interesante mandato:

> Poniendo toda diligencia por esto mismo, *añadid a vuestra fe* virtud;
> a la virtud, conocimiento;
> al conocimiento, dominio propio;
> al dominio propio, paciencia;
> a la paciencia, piedad;
> a la piedad, afecto fraternal;
> y al afecto fraternal, amor.

En otras palabras, una serie de cualidades del carácter pueden y deben añadirse o edificarse sobre tu fe en Dios y en su Hijo. Estas cualidades deben ser *un refrán para tu vida*. La fe es el punto de partida, el terreno sobre el cual crecen estas virtudes. Si no fuera por la fe, nuestra vida sería igual a la de un inconverso. Tanto Pedro como Santiago pensaban que los creyentes tenían una obra por delante. Debemos invertir nuestras fuerzas, "poniendo toda diligencia" para cooperar con Dios y producir la cosecha de cualidades que Pedro enumera. Santiago nos recuerda que "la fe, si no tiene obras, es muerta en sí misma" (Stg. 2:17). Si cultivamos fielmente las virtudes que reflejan a Cristo en nuestra vida, otros las verán y serán atraídos a la fuente de la cual emanan: Jesús.

–Un paso adelante–

En este punto de nuestra búsqueda de la senda de Dios en medio de nuestros problemas, ¿has notado la belleza y la fortaleza de la perseverancia, de la paciencia, de la resistencia? ¿En qué te pide Dios hoy que permanezcas? ¿En un grupo o empleo? ¿En tu matrimonio? ¿En seguir adelante con un embarazo mientras el mundo dice que tienes otra opción? ¿En seguir viva y sufrir cuando el mundo te ofrece una alternativa?

Casi siempre hay salidas fáciles al sufrimiento y la aflicción. Sin embargo, tomar el camino fácil no pulirá tu carácter ni producirá en ti resistencia y paciencia. Tampoco redundará en honor y gloria para nuestro Señor. Cada minuto y cada día en que afrontas una prueba, recuerda que una mujer estable permanece, y que lo hace hasta el final. Resiste al máximo, aguanta hasta el límite de su capacidad. E incluso un poco más. Una mujer estable descubre que es probada y es constante, pasa la prueba de la fe verdadera. ¡Ella es auténtica!

Los tres pasos que presento a continuación te ayudarán a permanecer en la senda de Dios en medio de los problemas de tu vida. En cada dificultad te darán el auxilio divino que necesitas:

Paso 1: Mira a Dios. Cree por la fe que Dios concederá la gracia y la ayuda necesarias para soportar cada prueba. Debes saber y creer que Él te dará la fortaleza para perseverar. Estas son bendiciones que solo pueden venir de Él. Él te dará consuelo en medio de la prueba, y te rescatará, en la vida o en la muerte. Siempre mira a Dios confiada.

Paso 2: Mira a Cristo. Él es "el autor y consumador de [nuestra] fe" (He. 12:2). Él nos dejó "ejemplo, para que sigáis sus pisadas" (1 P. 2:21). Jesús permaneció. Jesús, que no cometió pecado, permaneció en este mundo pecaminoso hasta que terminó su obra sobre la tierra. Permaneció en la cruz hasta que fue consumada su obra de redención de los pecadores (Jn. 19:30). Resistió que lo trataran con injusticia y extrema crueldad. Permaneció firme en su propósito a pesar del escarnio y el desprecio con que le gritaron mientras agonizaba en la cruz, y ante los gestos de burla frente a sus dolorosos movimientos de agonía. Él perseveró.

Al igual que nuestro Señor, tú debes permanecer en tu situación, en tus pruebas y dificultades. Jesús te ayudará a perseverar y a vencer. Míralo siempre a Él e inspírate en su ejemplo.

Paso 3: Mira la recompensa. Dios es tu supremo Fundidor que te purifica, y Él valora la fe que ha sido probada con fuego (Zac. 13:9). Cuando eres probada, confía en Él, en su sabiduría, en su plan, en sus propósitos, en su presencia. Regocíjate en su obra y en la cosecha de virtudes que las pruebas producirán en ti. Gózate en que su proceso de purificación beneficia a otros en la medida en que tú te vuelves más estable y extiendes tu fortaleza y capacidad a otras personas en situaciones diversas. Reconoce con humildad que la transparencia de tu carácter refleja su gloria y redunda en alabanza y honra para Él.

Nuestra mayor recompensa es la certeza de ver a Cristo, de oírle decir "bien, buen siervo y fiel" (Mt. 25:21), de recibir "la corona de vida, que Dios ha prometido a los que le aman" (Stg. 1:12), de gozarse en la presencia de Dios por la eternidad, de disfrutar la "plenitud de gozo" y "delicias a su diestra para siempre" (Sal. 16:11). Mira la recompensa. Así lo escribió el rey David: "Hubiera yo desmayado, si no creyese que veré la bondad de Jehová en la tierra de los vivientes" (Sal. 27:13). Fija siempre tu mirada más allá de tu sufrimiento presente y en las recompensas que Dios te ha prometido.

La fe no es una planta de invernadero que deba protegerse del viento y la lluvia, ni tan delicada que requiere protección. Se parece más bien a un fuerte roble que se hace más fuerte con cada viento que lo azota. La comodidad debilita la fe, mientras que las duras pruebas la fortalecen.[1]

8

Andar con los gigantes de la fe

Sabiendo que la prueba de vuestra fe produce paciencia.
Santiago 1:3

¿Alguna vez has vivido experiencias únicas e inolvidables en tus vacaciones? Bueno, eso fue precisamente lo que nos sucedió a Jim y a mí en París cuando celebramos cuarenta años de matrimonio. Paseando por los jardines del palacio de Versalles en un cálido día de verano, acabamos en un laberinto de arbustos altos. Deambulamos por ellos un buen rato, sin saber cómo salir de ese amplísimo jardín, ni cómo fuimos a parar ahí. Al fin vimos un pasadizo central, una especie de santuario donde encontramos agua para beber y un lugar para sentarnos y descansar.

Estando allí, nos dimos cuenta de que era un lugar muy especial, una galería exterior. Mirando en derredor, nos maravillamos al ver un sinnúmero de estatuas en mármol, más grandes que el tamaño real y colocadas de manera estratégica a lo largo de un ancho sendero que conducía a un estanque, de cuyo centro brotaba una fuente espléndida. Con los verdes arbustos y el claro azul del cielo, las estatuas componían un cuadro bellísimo.

Ni Jim ni yo teníamos idea de la historia que escondía cada personaje representado en aquellas estatuas tan bellamente esculpidas. Era evidente que cada uno revestía gran importancia, en especial para los franceses. Se notaba que eran admirados y estimados, y lo bastante famosos y notorios como para ser recordados y honrados como héroes a través de los siglos.

La asombrosa fe que perdura

Tal como Jim y yo experimentamos aquel singular deleite cuando nos sentamos a contemplar la belleza del paisaje en ese día glorioso en Francia, nosotras podemos mirar, apreciar y admirar un grupo de hombres y mujeres que fueron probados al máximo, y que triunfaron. Ellos creyeron en Dios, defendieron una causa, y demostraron una valentía a toda prueba en sus circunstancias particulares. Y aunque en ocasiones cayeron, su prueba tuvo efectos positivos porque confirmó y fortaleció su fe. Dios escribió sus historias en la Biblia, como ejemplos permanentes de fe, y fuente de aliento y ayuda para cada creyente. Estos héroes y heroínas fueron inmortalizados en el libro de Hebreos, capítulo 11, un pasaje de las Escrituras que ha sido denominado "El salón de la fe".

A medida que estudiamos brevemente las vidas de estas personas ejemplares, fijémonos en su perseverancia, obediencia y fe. Recuerda cómo Dios usó las pruebas para lograr *sus* fines y *sus* propósitos para *sus* vidas, que es la purificación y fortalecimiento de *su* fe. Asimismo, ten presente que estas personas eran de carne y hueso, pecadores frágiles como tú y como yo. Con todo, son ejemplos de fe genuina, y puesto que eran semejantes a nosotros, sabemos que podemos imitarlos.

Tengo una advertencia más que añadir: No compares tus dificultades personales con las de otros, ni siquiera con los personajes que menciona Hebreos 11. Más bien observa cómo Dios ayudó a estos santos en medio de las pruebas que afrontaron. Él hará lo mismo por ti, porque el "Dios nuestro" es el mismo "eternamente y para siempre; Él nos guiará aun más allá de la muerte" (Sal. 48:14). Mira más allá de tus pruebas para reconocer cómo Dios te dará la capacidad para soportarlas, lo cual, a su vez y a su tiempo, producirá en ti mayor fe.

Los héroes fieles de Dios

Disfruta leyendo el breve perfil de los personajes que Dios menciona en Hebreos 11. Si lo deseas, compleméntalo con la lectura de tu Biblia. A medida que estudias cada uno de ellos, admira su historia y sus pruebas. Presta especial atención a la evidencia de la fe en las vidas de estos hombres y mujeres. ¡La bendición te pertenece!

Abel: el primer mártir por causa de la verdad. Abel y su hermano Caín debían presentar un sacrificio a Dios, que al fin se convertiría en una prueba de obediencia. Puedes leer su historia en Génesis 4. Abel fue confirmado en su fe y pasó la prueba al ofrecer el sacrificio prescrito por Dios y aceptable a Él. En cambio, Caín demostró falta de fe y de reverencia a Dios y a su mandato al presentar una ofrenda diferente a lo establecido por Él. Al final, la envidia consumió a Caín, que acabó asesinando a Abel. Su fe y su obediencia le costaron la vida a Abel. Caín no pudo aceptar ni comprender su fracaso ni el hecho de que su hermano fuera aceptado y aprobado a los ojos de Dios.

¿Qué hay de ti? ¿Cómo está tu fe? A veces fallamos en obedecer los mandatos divinos porque no los logramos entender. Y otras veces apenas estamos dispuestos a obedecerlos por temor a sufrir consecuencias desagradables o dolorosas. Que no te pase como a Caín, que no pasó la prueba de la fe en Dios. Obedécele sin reservas. Tu obediencia afirmará tu confianza en Él y fortalecerá tu fe, pues te apoyas en Él. Cree que con la ayuda de Dios y su gracia puedes soportar cualquier consecuencia o persecución que resulte. Esta es otra evidencia de tu fe.

Enoc: el hombre que agradó a Dios. La breve mención que hace Dios de la vida y la fe de Enoc se encuentra en Génesis 5:21-25. En la época de Enoc la maldad en el mundo crecía con cada generación. Tanto, que Dios decidió destruir el mundo con un diluvio. Sin embargo, Enoc no participó de la maldad de su época. Él "caminó con Dios" (v. 22). Por su fe en Dios y su profunda comunión con Él, Enoc no murió, sino que fue transpuesto al cielo.

Al igual que Enoc, tú y yo vivimos en una sociedad donde la maldad va en aumento. No sabemos cuánta presión o persecución pudo haber soportado Enoc por causa de su fe y su confianza en Dios, pero podemos identificarnos con él porque hoy día afrontamos problemas similares en nuestro andar con Dios. ¡Sé firme en tu fe! No sucumbas ante el mundo ni te amoldes a él. No permitas que nada ni nadie te aleje del camino de Dios en obediencia fiel. Sigue el ejemplo de Enoc. Que tu meta sea agradar a Dios.

Noé: el hombre del compromiso permanente de obediencia. Dios usó a Noé para profetizar y predecir el diluvio. El mundo nunca había visto algo semejante a lo que Noé anunciaba, porque hasta ese momento nunca había llovido en la Tierra (Gn. 7). Sin embargo, Noé creyó la advertencia y el aviso de Dios, y durante 120 años proclamó el mensaje de la sentencia divina y construyó el arca (Gn. 6:13—7:24). ¿Puedes imaginar el escarnio y el maltrato que tuvo que soportar Noé durante todos esos años mientras construía en tierra firme el primer barco que haya existido, y cuando predicaba acerca de un juicio venidero? Al igual que su abuelo Enoc, Noé soportó las presiones de su tiempo. Por la fe, y gracias a la obediencia, llegó a ser heredero de justicia. La fe de Noé en Dios y en su mensaje preservó su vida y la de su familia, las únicas ocho personas que sobrevivieron al gran diluvio.

Tu confianza en Dios *siempre* te hará diferente de las demás personas que no creen en Él. Te rechazarán por creer en el Hijo de Dios, Jesucristo, y en sus promesas. Creo que a los ojos de Noé, el mandato de Dios no era absurdo. Noé creía lo que Dios le decía. Él dejó en manos de Dios todo lo que iba a suceder, y se dedicó a cumplir fielmente lo que Él le había ordenado, sin importar cuánto tardara ni cuánto costara. A los ojos de sus coterráneos Noé era un hombre extraño, pero él, como su abuelo Enoc, halló gracia a los ojos de Dios: ambos anduvieron con Dios toda la vida. Cuando te halles en pruebas, descansa en el Señor. Cree en sus propósitos y síguele, pase lo que pase. Puedes confiar en que Él te dará la resistencia necesaria para llevar a cabo su voluntad. ¡Eso es fe!

Abraham: el hombre que lo entregó todo. Abraham fue un verdadero gigante de la fe. Puedes encontrar su historia en Génesis 11—25. Abraham pasó 100 años errante por la tierra en obediencia absoluta al mandato de Dios de dejar su casa y su parentela. En consecuencia, Abraham nunca pudo instalarse en un lugar definitivo ni poseer la tierra que Dios le había prometido a él y a su descendencia. También esperó 25 años el hijo que Dios le había prometido. A pesar de todo su deambular y de su ansiosa espera de un heredero, la fe y la confianza de Abraham en Dios y en sus promesas permanecieron fuertes.

Las pruebas de la fe de Abraham no terminan ahí. ¡De ninguna manera! Después del nacimiento de su hijo Isaac, Dios volvió a probar la fe de Abraham, al pedirle que entregara algo más. Dios le pidió que ofreciera a su único hijo, nacido de Sara, en sacrificio sobre el altar (Gn. 22). Firme como una roca, Abraham tomó a Isaac y partió la mañana siguiente para hacer lo que Dios le había pedido, confiado en Él y en sus promesas para él y para su hijo. Estoy segura de que Abraham no cesó de orar durante los tres días de camino al monte Moria, hasta llegar al lugar señalado por Dios para realizar el sacrificio.

¿Cómo mantuvo su fe viva y activa durante esos momentos tan difíciles? La Biblia dice que Abraham tenía sus ojos puestos en una esperanza futura, ya fuera la tierra prometida o el hijo prometido, e incluso la posibilidad de que su hijo sacrificado resucitara.

Tu fe se afirmará si pones tus ojos en la promesa de Dios para una esperanza futura, y si confiada rindes tu vida a Él para que ejecute su plan para tu vida y te libere de tu dificultad presente. ¿Eres paciente en tu fe? ¿Hasta dónde puedes soportar tu situación actual con los ojos puestos en el futuro? Puede que pasen años, tal vez 25, o incluso más (¡o toda una vida!), antes de que seas librada de la prueba por la que estás pasando. Sin embargo, puedes como Abraham rendir tu vida cuando tu fe es probada. Puedes seguir confiando, amando y temiendo a Dios, cuya voluntad perfecta se cumple cada día que pasa. Confía en el tiempo de Dios, sin importar cuán largo sea, e incluso si nada llega a cambiar.

Sara: "la madre de las naciones" y antepasada de Jesús. ¡Qué mujer de fe tan extraordinaria! A Sara y a su esposo

Abraham, Dios les mandó dejar su patria y viajar a un país lejano, donde nunca tuvieron una residencia permanente. (Puedes leer su historia, y la de su esposo en Génesis 12—23:2). Y para complicar las cosas, Sara era estéril. En la cultura de su época esta era la peor prueba que podía soportar una mujer. No obstante, Dios le prometió a Sara un hijo, cuya llegada tardó 25 años. La fe de Sara fue probada con una espera que se prolongó días, años y décadas. Durante más de 9.000 noches Sara se fue a dormir sin un hijo, un hijo que Dios le había prometido.

Una fe probada y afirmada en la dificultad es una fe viva y real.

Habiendo pasado su edad fértil, Sara se regocijó cuando Dios cumplió su promesa y le dio un hijo (Gn. 21:6). ¡Fue un milagro! Hebreos 11:11 nos dice: "Por la fe también la misma Sara, siendo estéril, recibió fuerza para concebir; y dio a luz aun fuera del tiempo de la edad, porque creyó que era fiel quien lo había prometido". Y a semejante bendición se sumó el hecho de que el linaje de su hijo se extendió a través de los siglos hasta llegar al también prometido Mesías, Jesucristo.

¿Estás a punto de perder la esperanza? No abandones tu confianza en el Señor. Mira el ejemplo de Sara que alienta tu fe y valentía para confiar en Dios un día más, una noche más. Entonces levántate mañana y confía en Él otra vez, y otra vez más, y otra … y cuantas veces sea necesario en tu prueba de fe. Eso es fe: confiar en el Dios invisible para tener "la certeza de lo que se espera, la convicción de lo que no se ve" (He. 11:1).

Isaac, Jacob y José: tres hombres que recibieron la bendición de sus padres para su futuro (He. 11:20–22). Estos tres hombres representan tres generaciones de padres que bendijeron el porvenir de sus hijos. Por la fe, cada generación de hombres —que sin duda tuvieron su cuota de pruebas— creyó en las promesas de Dios y transmitió su fe y su esperanza al bendecir a sus hijos, quienes a su vez confiaron también es las mismas promesas. ¿Qué certeza tenían estos hombres de que Dios cumpliría su promesa de darles su propia tierra? Tan seguros estaban, que Jacob y José, mientras aún vivían en Egipto, pidieron que sus huesos fueran llevados a Canaán para darles sepultura. Ellos querían ser enterrados en "su casa".

¿Hasta dónde llega tu fe en el futuro cuando estás en medio de una prueba? ¿Es lo bastante fuerte para que tus hijos, tu familia, tus amigos y tus colegas la noten? ¿Demuestras tu fe y vives conforme a ella? ¿Consideras que tu fe es tan importante que debes comunicarla a tu familia? Una fe que otros no pueden ver o notar resulta dudosa. Santiago dice: "Así también la fe, si no tiene obras, es muerta en sí misma" (Stg. 2:17). Una fe probada y afirmada en la dificultad es una fe viva y real.

Moisés: el "libertador" que Dios usó para salvar a su pueblo. Moisés (cuya historia comienza en Éxodo 2 y se extiende hasta el final del libro de Deuteronomio) fue un hombre que lo tuvo todo hasta cierto momento. Fue el hijo adoptivo de la hija del faraón de Egipto, criado en la casa del faraón y educado con los hijos de la nobleza. Aun así, renunció a todo y prefirió identificarse con el pueblo de Dios. Después de defender a un esclavo hebreo, Moisés huyó de Egipto. Cuarenta años después, sufrió la deshonra y la intimidación por parte del faraón egipcio cuando volvió a presentarse ante él —el hombre más poderoso del mundo— para pedirle que dejara ir al pueblo de Dios, los hijos de Israel. Después que Dios enviara diez plagas por medio de Moisés, el faraón dejó ir a los israelitas. Sin embargo, ¡los problemas de Moisés apenas comenzaban! Tuvo que hacer frente a la ira del faraón cuando intentó alcanzarlo, y a sus antiguos esclavos, tras haber salido de Egipto. Además, durante muchos años Moisés sufrió maltratos y la críticas permanentes, y la murmuración constante de su propio pueblo que se rebeló contra el señorío de Dios que él representaba, una actitud que los condujo finalmente a 40 años de prueba en el desierto.

En realidad, Moisés sufrió mucho por identificarse con el pueblo de Dios. No obstante, la Biblia dice que él sufrió por causa del Mesías y del pueblo de Dios maltratado (He. 11:24-26). Lo mismo es cierto para los creyentes hoy. El apóstol Pablo escribió: "todos los que quieren vivir piadosamente en Cristo Jesús *padecerán* persecución" (2 Ti. 3:12). Amiga mía, puedes estar segura de que sufrirás por identificarte con Cristo, el cual sufrió primero por ti. Este debería ser un motivo suficiente para soportar cualquier dificultad: saber que sufres con tu Salvador y que sigues sus pasos.

Rahab: la prostituta que creyó en el poder de Dios para liberar. Rahab vivía en Jericó, una de las ciudades más poderosas de su época. Los habitantes de la ciudad habían oído de los juicios prodigiosos que Dios había ejecutado contra los egipcios, y contra otras naciones que habían osado interponerse en el camino del pueblo de Dios. Sin embargo, solo una mujer —una prostituta— respondió con fe y tuvo el coraje de refugiar a los espías hebreos que habían sido enviados para evaluar la situación de la ciudad de Jericó. Esto constituía un acto de traición que se

> *Busca en Dios la valentía que necesitas. Confía en Él y cree que es poderoso para librarte. Puedes enfrentar la vida y todas sus pruebas confiando en Dios como tu Guía supremo.*

castigaba con la muerte. Rahab solo pidió a estos israelitas que salvaran a ella y a su familia de la inminente destrucción. Al final, Rahab y su familia fueron los únicos habitantes de Jericó que se salvaron de la destrucción de la ciudad (ver Jos. 2—6).

¿Quieres saber qué diferenciaba a Rahab del resto de habitantes de Jericó? Tres palabras nos dan la respuesta. Dios dice que "por la fe" (He. 11:31) Rahab estuvo dispuesta a dejarlo todo, a dar la espalda a su país y a sus dioses paganos, e incluso arriesgar su vida para seguir al Dios verdadero de los israelitas. De esa manera contribuyó al cumplimiento del propósito de Dios con Jericó.

¿Qué estás dispuesta a arriesgar, a abandonar o a soportar para seguir al Dios verdadero por la fe? Busca en Dios la valentía que necesitas. Confía en Él y cree que es poderoso para librarte. Puedes enfrentar la vida y todas sus pruebas confiando en Dios como tu Guía supremo.

Santos de poder y autoridad: hombres y mujeres que guiaron al pueblo de Dios. Estos hombres y mujeres de fe que menciona Hebreos 11:32 fueron guerreros, reyes y profetas. Con todo, el Señor no los alaba por sus posiciones, su fortaleza, sus habilidades o su nobleza. Antes bien, Dios los exalta por lo que lograron gracias a su fe. Cada uno fue un valiente, y sufrió también gran aflicción por su obediente fe en Dios.

- *Gedeón* entró en batalla contra un gran ejército con apenas 300 hombres, y ganó.

- *Barac*, junto con la profetisa Débora, fue a la guerra y venció al gran comandante Sísara.

- *Sansón* "tapó bocas de leones".

- *Jefté* recibió poder divino para derrotar a los amonitas.

- *David* guió a la pequeña nación de Israel a "conquistar reinos".

- *Samuel* ungió a David como rey y luego demostró su fe con una vida de intercesión.

Un sinnúmero de santos cuyo nombre no se menciona: personas que con valentía soportaron muchas pruebas. Después de pasar la lista de hombres y mujeres de fe, el autor de Hebreos termina con referencias generales. Hay tantas hazañas de fe en la historia del pueblo de Dios, que el autor no puede nombrar a todos aquellos que demostraron una fe verdadera (He. 11:33-38). Estos gigantes anónimos aparecen por sus actos de gran fe. Fueron torturados, escarnecidos, azotados, encadenados, encarcelados, apedreados, aserrados, puestos a prueba, muertos a filo de espada; anduvieron desnudos, menesterosos, maltratados, afligidos, errantes y escondidos en cuevas y cavernas.

–Un paso adelante–

Qué tremenda es la lista de Hebreos 11, "El salón de la fe", ¿no te parece? De hecho, es asombrosa. Y estoy segura de que has leído otras historias de mártires que han padecido por causa de su fe —misioneros asesinados por predicar el evangelio de Jesucristo, cristianos enviados a Siberia bajo el régimen comunista por su fe en Cristo, y así sucesivamente. Al final del capítulo 11 de Hebreos, el autor añade que cada héroe mencionado sufrió no por una recompensa temporal, sino por "alguna cosa mejor" (v. 40). Ellos tuvieron fe y soportaron sufrimientos extremos porque aguardaban el cumplimiento de la promesa suprema que era la venida del Mesías.

Hoy, cuando vienen pruebas y tribulaciones —¡y ciertamente vendrán!— tu fe y tu determinación deben crecer, ya que el Mesías vino en la persona de Jesús. ¡Tú tienes a Jesús! Y ahora tú esperas su regreso. ¡Será un día glorioso!

¿Qué afán puedes confiarle hoy a Jesús? En este preciso momento, ¿qué reto enfrentas? ¿Te desesperan tus hijos pequeños? ¿Te sientes atrapada? ¿Inútil? Recuerda que andas junto a los gigantes de la fe.

¿Tienes que cuidar tu salud, un corazón afligido, o un ser querido con cáncer? ¿Sufres injusticias a causa de calumnias o murmuración? ¿Estás sin hogar, menesterosa, sin esposo o sin hijos? Recuerda que andas con los gigantes de la fe.

Date cuenta de que así como Dios fue glorificado por la fe y la fortaleza de estos increíbles santos de la antigüedad, Él será glorificado siempre que confíes en Él en medio de tu sufrimiento.

Sin importar lo que Dios pide de ti, ni cuán grande es tu prueba, pídele que te conceda la gracia para tomar hasta el mínimo paso de obediencia que Él te pide. Ese solo paso, por pequeño que sea, te pondrá en la senda de Dios en medio de tus problemas. Allí experimentarás su gracia que te ayuda y su provisión que te capacita para seguir los pasos de estos gigantes de la verdadera fe, en tiempos de prueba.

Sección 3

Cómo ser una mujer madura

Nuestras pruebas deben traernos gozo y gloria, pues hemos de entender que Dios nos hace débiles para poder manifestar en nosotros el poder de Cristo. Así nos enseñaría a gloriarnos, no en nuestra propia fuerza insignificante, egoísta y falsa, sino más bien en su poder absoluto e infalible.[1]

9

Alcanzar la grandeza

Mas tenga la paciencia su obra completa,
para que seáis perfectos y cabales,
sin que os falte cosa alguna.
Santiago 1:4

Un ministerio que ejercí fue aconsejar a las esposas de estudiantes de seminario. Lo que esperábamos como equipo de esposas de la facultad era que estas amadas hermanas crecieran en el Señor. También queríamos ofrecerles una preparación básica que ampliara su panorama de opciones ministeriales, y brindarles un poco de experiencia antes de acompañar a sus esposos en sus primeros ministerios. Nuestra meta era equipar a estas mujeres para que sirvieran de alguna manera en el lugar donde Dios las había puesto, sea en la iglesia, en el campo misionero, o en una organización cristiana. Ofrecíamos un programa de discipulado de tres años para las que estaban interesadas en recibir el entrenamiento. Muchas mujeres de trasfondos, niveles de experiencia y grados de madurez muy diversos asistieron a las clases —algunas muy dispuestas y otras solo por petición de sus esposos.

Un año "graduamos" a quien yo llamaría una esposa "reacia". Aunque ella asistió a las reuniones y a las clases, era evidente que dejaba su corazón en otra parte. En realidad, ella no participaba ni aportaba nada porque no tenía interés alguno. Cuando su esposo se graduó, salieron juntos a desempeñar su nuevo cargo. Al cabo de un año volvieron de visita, y yo recibí una llamada telefónica de ella en la que me pedía que nos viéramos. Lo que puedo decir es que la mujer que me visitó era completamente diferente de la que había conocido. Sentadas en la mesa de la cocina, miré a esta mujer nueva, una mujer humilde que ahora sentía la necesidad de aprender. Me rogó: "¿Podrías ayudarme? ¿Tienes algún material que puedas darme? ¿Puedo sacar copias de todos los documentos que entregaste en las reuniones? Siento decirte que tiré los míos". Luego añadió: "En menos de un año nuestra nueva congregación se dio cuenta de que no quedaba ningún ministerio para mí, que solo acompañaba a mi esposo y no tenía nada que dar".

Alguna vez escuché a una esposa de pastor experimentada decir: "Una congregación merece que la esposa de su pastor tenga *cierta* madurez espiritual". Tal vez la típica esposa de pastor no sea un gigante y líder espiritual como su esposo, pero debe tener *cierto* grado de madurez. Cuando aquella esposa reacia de nuestra clase partió al lado de su esposo el año anterior, parecía estar bien, y podía repetir los contenidos del curso. Sin embargo, cuando las personas de su nueva iglesia la conocieron de cerca, se dieron cuenta de que en el fondo había poca o ninguna sustancia. Doy gracias a Dios por obrar en su corazón y poner en ella el deseo de crecer y de servirle a Él y a su pueblo con excelencia.

Mirarse en un espejo

El plan de Dios para nosotras sus hijas incluye el servicio, y éste requiere crecimiento y madurez, que son el fruto de las pruebas. Nadie desea ser inmaduro e incapaz de manejar nuevos retos, ni ser inepto para el servicio al prójimo. Por otro lado, tal vez no vivamos a la espera de que nos sobrevengan pruebas. Sin embargo, ¿de qué otra manera podemos aprender a permanecer en nuestras dificultades y rendirnos al plan de Dios para nuestro crecimiento? Entender que las pruebas vendrán, aceptarlas con una actitud gozosa, ver el propósito más allá de ellas, y dejar que Dios nos perfeccione, es lo que en realidad nos permite madurar. Es de este modo como la madurez y el servicio a otros se nutre y crece.

Aunque Santiago nos dice que las pruebas vendrán, también nos enseña *cómo* recibirlas y soportarlas con éxito para cosechar los beneficios que Dios nos depara al final de las mismas. Santiago dijo que debemos ser "hacedores de la palabra, y no tan solamente oidores, engañándoos a vosotros mismos. Porque si alguno es oidor de la palabra pero no hacedor de ella, éste es semejante al hombre que considera en un espejo su rostro natural. Porque él se considera a sí mismo, y se va, y luego olvida cómo era" (Stg. 1:22-24). Echemos pues una mirada al espejo de las instrucciones de Dios ¡y actuemos!

Hacia una mayor capacidad de servicio

Piensa en tu vida y en sus pruebas por un momento. Al meditar en la mía esto es lo que veo: aquí estoy, andando por la vida, ocupada en manejar mis responsabilidades y mi larga lista de deberes (ya sabes, igual que la tuya). Entonces algo sucede de repente. En el transcurso de mi día, me encuentro con una prueba. Sale de la nada. Es inesperada. Viene sin avisar. Yo tan solo voy por la vida, y aparece de súbito. Es como encontrarse de repente en el borde de un río. Ahí está, justo frente a mí, bloqueando mi paso. No puedo seguir adelante con mi día, o mi vida, sin cruzar el río, sin atravesar esa prueba. Así que debo tomar una decisión: puedo retroceder al territorio conocido y renunciar al progreso, o puedo lanzarme al agua, a la prueba. Por supuesto que la última es la decisión más dura y arriesgada.

Sin embargo, entrar en el agua de la prueba es la elección *correcta*, la que Dios ha determinado para mí y su plan para mi vida. Él quiere que yo avance, que cruce hasta el otro lado, y que siga adelante. Él quiere que confíe en Él y crezca. Y ¿qué hay al otro lado del río de la prueba? La victoria, el crecimiento, la madurez, la fortaleza, la experiencia, la resistencia, el mayor provecho para los propósitos de Dios y de su pueblo.

¿Estás conmigo en esto? ¿Tienes un reto por delante? Bueno, ¡esas son buenas noticias! Es ahí que las enseñanzas de Santiago 1:2-4 vienen al rescate. Ellas te muestran el camino para un mayor crecimiento y provecho. La ribera del río marca tu nivel de crecimiento hasta el presente. Mientras estás ahí en la orilla mirando el agua, te das cuenta de que tienes que cruzar para llegar a un lugar de mayor provecho. Y la única manera de cruzarlo es apoyarse en los tres pasos que Dios ha puesto sobre el agua, como tres rocas de apoyo que revelan su senda en medio de tu problema.

Paso #1: Recibe cada prueba con gozo. Lo primero que debes hacer frente a cualquier dificultad es aceptarla con gozo en tu corazón. Como escribió Santiago: "Tened por sumo gozo cuando os halléis en diversas pruebas" (Stg. 1:2).

Paso #2: Sé firme en medio de cada prueba, "sabiendo que la prueba de vuestra fe produce paciencia". Eso te permitirá superar cada problema y alcanzar al final mayor provecho y madurez (Stg. 1:3).

Paso #3: Coopera con el plan de Dios. Permite que cada prueba redunde en tu crecimiento espiritual. Aprende las lecciones que Dios permite en situaciones difíciles o penosas. La meta que Él se ha propuesto contigo, que eres su hija, es perfeccionarte, madurarte y garantizar que alcanzas un desarrollo pleno.

Santiago aconseja:

Mas tenga la paciencia su obra completa,
para que seáis perfectos y cabales,
sin que os falte cosa alguna
(SANTIAGO. 1:4).

Santiago nos dice a manera de mandato que permitamos que nuestra paciencia logre su cometido. Nos hace un llamado a la sumisión, a dar preferencia a algo superior a nuestra propia comodidad y lugar en la vida. Una mujer madura espiritualmente se somete a la prueba, y deja que Dios y sus pruebas realicen su obra en ella.

Este sometimiento personal es como cederle a otro el derecho de conducir en nuestro lugar. En el trayecto que recorremos para ir a la iglesia, siempre llegamos a una señal de "ceda el paso". Allí disminuimos la velocidad y damos paso a peatones, bicicletas, motocicletas, autos, y en ocasiones hasta a un camión de 18 ruedas. Cedemos el paso sin importar cuán grande o pequeño es el vehículo o la persona que cruza el camino. ¿Por qué? Porque así lo indica la señal.

También nos sometemos a quienes ejercen autoridad sobre nosotros. Si la policía nos sigue y enciende sus luces, nos hacemos a un lado y detenemos. Nos sometemos a la policía y seguimos sus instrucciones.

Esto mismo nos manda Santiago: que como cristianos nos sometamos a Dios, a sus pruebas de nuestra fe, a sus designios para nuestra vida, a sus enseñanzas. Debemos dejar que "tenga la paciencia su obra completa". Debemos cooperar con Dios, sin reservas, mientras Él pule nuestro carácter.

Por desdicha, a veces hacemos todo lo contrario. De hecho, se me han ocurrido al menos siete actitudes que frenan nuestro crecimiento espiritual en el Señor. Identificar aquellas con las cuales has reaccionado te permitirá eliminar con mayor facilidad estos obstáculos.

Siete actitudes que rechazan el trato de Dios

1. *Resistirse*. Muchas veces nos vemos diciéndole "no" a Dios: "No. No voy a hacerlo. No pienso pasar por ahí. ¡No estoy dispuesta a vivirlo!" Peleamos y resistimos la prueba que nos viene. Pero es Dios quien nos pide la actitud opuesta: *dejar* que "tenga la paciencia su obra completa", someternos a su obra perfecta en nosotras.

Como sé que has estado en el odontólogo, supongo que conoces bien lo que sucede allí en su consultorio. Estás sobre una silla especial completamente a merced del profesional. Todos los aparatos y accesorios de odontología están dentro de tu boca y penden de ella. Cuando menos lo piensas, has empezado a cerrar tu boca, poco a poco, hasta que la cierras tanto que el odontólogo dice: "¡Relájese! Abra la boca. Déjeme trabajar. Será menos angustiante y doloroso si se tranquiliza".

> *Debemos confiar en Dios para cada dificultad y cada misión difícil que Él nos encomienda. Tenemos que hacer "la voluntad de Dios de corazón".*

Sucede algo parecido cuando nos hallamos en pruebas. La mujer cuyo espíritu crece se somete a su prueba; se tranquiliza y deja a un lado todas sus objeciones, *deja* que la prueba haga su obra. Se somete a Dios y le permite llevar a cabo sus designios. Solo entonces se cumplirá la obra de Dios *en* ella y *por medio* de ella.

El profeta Jonás, del Antiguo Testamento, es un ejemplo de esta actitud que resiste la voluntad y la obra de Dios. La misión de Jonás era sencilla: Comunicar el juicio de Dios al pueblo de Asiria en la capital de Nínive. Dicha tarea constituía una verdadera prueba para Jonás. Él sabía que Dios era compasivo y lleno de gracia, y que sería misericordioso con esta nación enemiga del pueblo de Jonás (Jon. 4:2). En lugar de someterse al plan de Dios para su vida como profeta, y al plan misericordioso de Dios para los asirios, Jonás decidió resistirse. Huyó de Dios (¡al menos eso creyó!) y no quiso servir a los propósitos divinos.

Quizá conozcas la historia de Jonás y el pez. Jonás embarco en una nave que iba en dirección opuesta a Nínive. Estando allí, en contra del mandato de Dios, el Señor se sirvió de medidas extremas para traer a Jonás de regreso. Hizo que un gran pez se tragara a Jonás y lo escupiera en una playa, cerca de Nínive. En sentido literal hizo volver a Jonás para que cruzara su "río" y, en confianza y obediencia, predicara el mensaje de Dios.

¿Y cuál fue el resultado? Jonás fue un instrumento clave y útil para que los miles de habitantes de Nínive se arrepintieran y no cayeran bajo el devastador juicio de Dios.

Al igual que Jonás, debemos confiar en Dios para cada dificultad y cada misión difícil que Él nos encomienda, "de corazón haciendo la voluntad de Dios" (Ef. 6:6). Él nos ayudará a salir adelante y, de paso, a crecer espiritualmente. Nuestra obediencia a recibir la prueba, vivirla, y ver más allá de ella producirá una obra magnífica y cabal en nosotras. Lo que Dios en su gracia lleva a cabo en nosotras redundará en alabanzas para Él hasta la eternidad.

2. *Abstraernos*. En ocasiones fallamos en hacer la voluntad de Dios debido a una actitud de retraimiento ante nuestras pruebas. Nos sentimos abrumadas por lo que afrontamos. Sentimos tal temor y angustia que nos acostamos, tomamos medicamentos, o hacemos llamadas cancelando compromisos para no tener que enfrentar ciertas personas o compromisos.

Cada prueba es una prueba de fidelidad. A veces lo único que Dios pide de nosotras es que demos la cara: que estemos donde hemos dicho que estaríamos, que cumplamos los compromisos que hemos hecho, que sigamos adelante. Pero en vez de eso nos escondemos. ¡Anímate! ¡Estamos aprendiendo a seguir siempre adelante! Una mujer espiritualmente madura se somete a su prueba. Aun teniendo miedo y temblor, se lanza al río, cambia sus temores por fe y su temblor por confianza. Afronta los grandes retos confiada en que Dios los ha puesto en su camino, el Dios cuya gracia basta para auxiliarla en todo cuanto Él pide de ella. Una mujer que quiere crecer en el Señor da fielmente cada paso que la conduce a la senda de Dios en medio de sus problemas. Con gozo aguarda la paciencia prometida y la madurez que le espera.

"Basta ya, oh Jehová, quítame la vida". ¿Parecen estas las palabras de un hombre que ha enfrentado y derrotado a 850 profetas falsos en el monte Carmelo? Elías había cruzado ya muchos "ríos"; había confiado en Dios en sinnúmero de ocasiones y había visto cómo Dios lo usaba para realizar un milagro tras otro. Sin embargo, ahora susurraba palabras de desaliento y abatimiento (1 R. 18–19).

¿Cuál fue la causa de que Elías se desmoronara? Quitó los ojos de Dios y se fijó en su última prueba: una mujer, la reina Jezabel, y su amenaza de matarlo. ¿Cómo pudo Dios sacar a

Elías de su depresión? Lo confrontó con la necesidad de regresar a cumplir con la misión de servirle. El Señor quería que Elías cruzara su siguiente "río" y continuara el proceso de maduración que Él realizaba en su vida. Elías debía saber que Dios aún no había terminado su obra en él. La capacidad del profeta para seguir adelante fue definitiva en el servicio que pudo prestar a Dios hasta el final.

Dios es fiel, y su tiempo perfecto. Él sabe lo que hace y cómo nos perfecciona, fortalece y nos hace cabales, sin que nos falte cosa alguna.

Nosotras también desfallecemos, como Elías. Nos sentimos abrumadas. A veces no podemos ver la salida o el camino en medio de la dificultad. Pensamos que sería mejor estar muertas, distantes, lejos del permanente sufrimiento y dolor, y de las duras exigencias de la vida en este mundo. Pensamos que sería mejor darnos por vencidas en lugar de seguir adelante y perseverar, de invertir todo el esfuerzo necesario para servir a Dios y al prójimo. Sin embargo, Dios es fiel, y su tiempo perfecto. Él sabe lo que hace y cómo nos perfecciona, fortalece y nos hace cabales, sin que nos falte cosa alguna.

Sin importar lo que afrontas hoy, y cada día de tu vida, recuerda la promesa de Dios: "estando persuadido de esto, que el que comenzó en vosotros la buena obra, la perfeccionará hasta el día de Jesucristo" (Fil. 1:6).

–Un paso adelante–

En el siguiente capítulo seguiremos con nuestra lista de actitudes que debemos evitar para no fallar en las pruebas de

Dios. Por el momento, haz una pausa y medita en tu propia vida.

¿Reaccionas como un aprendiz o como alguien que prefiere las evasivas? ¿Sientes el anhelo de conocer y crecer, o bien de estar en otra parte y ver que, como sea, termine el día o la prueba? La joven esposa del estudiante de seminario anhelaba no estar ahí sentada en las reuniones de discipulado para esposas. Sin embargo, un año después se convirtió en un aprendiz con la necesidad de saber más. Ansiaba recibir ayuda, fortaleza, fe, y la evidencia del poder de Dios en su vida.

Sin importar cuál es el costo o el dolor temporal de tus pruebas, Dios promete madurez, una vida útil y un conocimiento más profundo de Él.

Si en la actualidad eres una mujer que prefiere el camino fácil en su vida y en su crecimiento espiritual —como quien espera que algo se termine o mejore—, más vale que hagas de tripas corazón. Anímate y ora. Cuéntale a Dios cómo te sientes y por qué. Luego pídele que te mande su ayuda, siempre disponible, y la gracia suficiente para poder lanzarte al río de tu prueba y avanzar.

Si eres alguien a quien le gusta aprender, da gracias a Dios por esa actitud, y renuévala en oración y confianza permanente en Él. Tal vez quieras también llevar un registro diario de la obra que Dios hace en ti y las lecciones que aprendes y que te animan y motivan. El salmista nos aconseja "no [olvidar] ninguno de sus beneficios" (Sal. 103:2).

¿Quieres tener lo que está al otro lado de tus pruebas? La lista de bendiciones es infinita, pero incluye:

- Mayor semejanza a Cristo

- Crecimiento espiritual
- Mayor conocimiento de Dios
- Fe más profunda en Él
- Carácter firme y verdadero
- Sabiduría
- Experiencia
- Un corazón dispuesto a ayudar a otros

No dejes de dar el siguiente paso en tu aventura hacia el propósito de Dios para *tu vida* y *tu servicio* a Él. El apóstol Pablo pone en su verdadera dimensión nuestras dificultades presentes: "Porque esta leve tribulación momentánea produce en nosotros un cada vez más excelente y eterno peso de gloria" (2 Co. 4:17). Sin importar cuál es el costo o el dolor temporal de tus pruebas, Dios promete madurez, una vida útil y un conocimiento más profundo de Él que puede servir a otros. Como dijo Pablo en alabanza:

> Bendito sea el Dios y Padre de nuestro Señor Jesucristo, Padre de misericordias y Dios de toda consolación, el cual nos consuela en todas nuestras tribulaciones, para que podamos también nosotros consolar a los que están en cualquier tribulación, por medio de la consolación con que nosotros somos consolados por Dios (2 Co. 1:3-4).

¿Deseas grandeza y las bendiciones de Dios? Entonces sé diligente en recibir y manejar las pruebas que vienen a tu vida. Entra dispuesta al río de prueba que tienes por delante. Cruza hasta alcanzar la grandeza en el servicio a tu Señor y a tu prójimo.

Demasiados cristianos buscan la salida fácil en la vida. Piensan que si no tuvieran cargas podrían gozar de una vida agradable y victoriosa. No se dan cuenta de que muchas veces Dios exalta nuestro espíritu humillando nuestra carne. El peso de la prueba es lo que impulsa nuestros pies espirituales.[1]

10

Tomar decisiones que desarrollan grandeza

Mas tenga la paciencia su obra completa,
para que seáis perfectos y cabales,
sin que os falte cosa alguna.
Santiago 1:4

A los ojos del mundo, "grandeza" es sinónimo de poder, posición y fama. En cambio, a los ojos de Dios la grandeza supone el servicio y la utilidad a Dios y al prójimo (Lc. 22:26-27). Eso fue lo que aprendimos en el capítulo anterior. Para alcanzar la grandeza de Dios, debemos primero vencer nuestra inclinación a evadir sus pruebas.

¿Cuáles son algunas actitudes que nos impiden aprender lo que Dios quiere enseñarnos y crecer espiritualmente? Prometí mencionar siete de esas actitudes con las que eludimos las pruebas. Me apena decir que las extraje de mi propia experiencia. A medida que avanzas en esta lista, recuerda que ya hemos analizado dos de estas tretas que usamos para alejar las pruebas que Dios pone en nuestro camino, a saber: *resistirnos* y *abstraernos*.

3. *Ofendernos*. En lugar de alistarnos y avanzar hacia la prueba que tenemos por delante, nos enojamos al ver que otros tienen parte en nuestra dificultad. Aunque Dios es absolutamente soberano en nuestra vida, nos equivocamos al pensar que otros han tenido que ver con nuestra situación de dolor y sufrimiento. También podemos sentir el deseo de enfadarnos con Dios por someternos a determinado sufrimiento. Sin embargo, Dios tiene un gran plan para cada una de las pruebas que nos sobrevienen. Él quiere que dichas pruebas nos ayuden a madurar y contribuyan al cumplimiento de sus propósitos para nuestra vida.

El resentimiento acaba con el crecimiento. De hecho, nos lleva en la dirección contraria al proceso de madurez de Dios. Puede derivar en acciones pecaminosas y estorbar e impedir el desarrollo positivo del carácter que Dios desea en nosotras.

Recuerdo una mañana en la iglesia cuando, sentada junto a Jim, escuché su conversación con un hombre que decía haber conseguido al fin un empleo después de estar varios meses desempleado. Él dijo emocionado: "Alabo a Dios porque tengo un trabajo" —y siguió—, "Llego a casa a las nueve o diez de la noche, pero con gusto espero que lleguen mis jefes a las ocho si a esa hora quieren venir y pagarme. ¡Ahora alabo a Dios sin importarme lo tarde que es!"

Mientras él hablaba de su dicha, yo pensaba: *Hay una esposa que espera en casa a un esposo y padre hasta tarde. Espero que ella acepte esta prueba con gozo, teniendo por sumo gozo el hecho de que su esposo llega tarde en la noche a casa por causa de su empleo.*

Es más fácil resentirnos contra nuestro esposo, nuestro trabajo o el de ellos, nuestros hijos y las pruebas que vivimos como familia cada día (¡a veces cada minuto!), o nuestra soltería (y la lista de vicisitudes en la vida puede no tener fin), que enfrentar nuestras pruebas. Es más fácil amargarse contra nuestros parientes políticos, nuestros padres, nuestros jefes (y la lista de ofensores también se puede extender sin fin) que superar y vencer una actitud inmadura. Estoy segura de que somos capaces de encontrar un culpable para el problema que sea. Pero nosotras debemos dejar a un lado situaciones y personas que nos incomodan, y fijar nuestra mirada en el rostro maravilloso de Dios. En vez de resentirnos contra las personas que representan un problema para nosotros, debemos confiar en Él y en su voluntad para nuestra vida.

Cuando ministraba a jovencitas universitarias, descubrí que para muchas de ellas un gran problema eran sus padres. Cuando me reunía con esas jóvenes, les preguntaba a algunas que habían caído en la trampa de resentirse contra sus padres: "¿Quién conocía a tus padres desde antes de la fundación del mundo?" De inmediato comprendían que sentían resentimiento contra los padres que Dios les había dado, y por medio de los cuales Él planeaba traer desarrollo y madurez a sus vidas.

Una mujer madura espiritualmente comprende que Dios obra en su vida por medio de las personas, con todas sus particularidades y ofensas, con todas sus faltas y conducta pecaminosa.

En determinado momento una joven se casa, y entonces tiene parientes políticos. Si ella no ha querido aprender que las pruebas con sus padres le ayudan a someterse a Dios en lugar de resentirse contra otros, es probable que añada a su lista de amargura a sus nuevos familiares. Sin embargo, ahora los padres de su nuevo esposo hacen parte del plan de Dios cuyo propósito es obrar su voluntad perfecta y su crecimiento personal, como instrumentos en sus manos. Una mujer madura espiritualmente comprende que Dios obra en su vida por medio de las personas, con todas sus particularidades y ofensas, con todas sus faltas y conducta pecaminosa.

Sara, la esposa de Abraham, es un lamentable ejemplo de resentimiento pecaminoso. A pesar de que Dios ya había prometido a Abraham un heredero, Sara seguía estéril (Gn. 16:1-6). ¿Qué hizo ella? Resolvió ayudar a Dios a cumplir su promesa sirviéndose de una práctica común de su época: ofrecerle a Abraham a su sierva Agar como esposa sustituta con el único fin de darle un hijo. Sara, al menos durante un tiempo, dejó de confiar en que Dios cumpliría su promesa por medio de ella. El plan de Sara funcionó, pero trajo consecuencias desastrosas. Al quedar embarazada Agar se volvió odiosa, y esto aumentó el resentimiento de Sara, que ella expresó con total furia. De hecho, fue tal su aspereza en el trato a su sierva, que la mujer embarazada huyó al desierto, deseando morir antes que someterse a la crueldad de Sara.

Sin embargo, Agar regresó por petición de un ángel del Señor. Al poco tiempo nació el hijo de Agar, y el resentimiento de Sara se encendió aún más contra su sierva, e incluso contra el niño, y contra su propio esposo por haber participado en el asunto. En vez de confiar en Dios, perseverar en su prueba y esperar en el Señor, Sara intentó eludir el proceso de Dios. Como resultado, ella terminó amargada y enojada contra sus seres más cercanos.

Ahora comparemos a Sara con una mujer madura que se somete a su prueba. Ella no se resiente contra su prueba ni contra las personas involucradas en ella. Tampoco culpa a estas personas. Antes bien, comprende que Dios está obrando en su vida por medio de estas personas que "lustran" su vida. Ella sabe que Dios tiene en mente un propósito con ella: que sea una persona íntegra, firme en medio de las pruebas y las dificultades, y madura en cada área de su vida, dispuesta a esperar que Dios obre en su favor. Ella asume la actitud que demostró Job cuando perdió su familia y sus poseesiones: "Jehová dio, y Jehová quitó; sea el nombre de Jehová bendito" (Job 1:21).

Por supuesto, no quiero olvidar la mejor parte de la historia de Sara, que se encuentra al otro lado del río de su prueba. Al final Sara comprendió. Aprendió lo que solo su prueba de 25 años de preguntas y espera podía enseñarle: Llegó a confiar en Dios. Tanto, que "por la fe también la misma Sara, siendo estéril, recibió fuerza para concebir; y dio a luz aun fuera del tiempo de la edad, porque creyó que era fiel quien lo había prometido" (He. 11:11).

Cuando parece que la vida se detiene, no te resientas contra las personas, los sucesos o las circunstancias en tu vida. Persevera en tu prueba. Mantente gozosa. ¡Pon tu mente y tu corazón en el Señor! Permítele que haga su obra perfecta en ti para que llegues a ser una mujer madura, de carácter firme y cabal, perfecta, sin que te falte cosa alguna.

4. *Negar*. ¿Has negado alguna vez que tienes un punto débil, una falta, un defecto en tu carácter? ¿Has fallado alguna vez en algo y no lo has querido reconocer? ¿Has negado que conoces a una persona por miedo a que te persigan por relacionarte con ella? Tal vez preguntes: "¿Hablas de un punto negro? ¿Crees que hay un área pecaminosa en mi vida que yo no reconozco ni confieso? Bueno, te equivocas. No tengo tal punto negro. No tengo ese defecto… o punto débil".

Es fácil negar algo a lo cual queremos cerrar los ojos. Lo único que tenemos que hacer es poner nuestra boca en piloto automático y decir: "No, te equivocas". Con un par de palabras negamos nuestra necesidad de aprender lo que Dios quiere enseñarnos, lo cual significa que fallamos en entrar al río de la prueba. En lugar de eso, preferimos permanecer en la orilla, aferradas a nuestro actual nivel de desarrollo, o a la falta del mismo. Con prontitud, sin oración ni meditación, rehusamos creer que Dios nos envía a su academia para aprender algo que nos perfeccionará, madurará y nos hará cabales.

Eso fue lo que hizo el apóstol Pedro, "la roca". Y lo sorprendente es que aunque Jesús le había advertido a Pedro acerca de su debilidad, él lo negó y falló. Esto fue lo que sucedió: Jesús le había dicho claramente a Pedro: "Simón, Simón, he aquí Satanás os ha pedido para zarandearos como a trigo; pero yo he rogado por ti, que tu fe no falte; y tú, una vez vuelto, confirma a tus hermanos". Y ¿qué respondió Pedro? "Señor, dispuesto estoy a ir contigo no sólo a la cárcel, sino también a la muerte". Jesús, a su vez, replicó: "Pedro, te digo que el gallo no cantará hoy antes que tú niegues tres veces que me conoces" (Lc. 22:31-34).

¡La prueba y las faltas de Pedro no terminaron ahí! En efecto, Pedro negó que conocía a Jesús, tal como Él había predicho. ¿Por qué Pedro le negaría? Al fin de cuentas no fue más que una sirvienta quien le preguntó la primera vez si conocía a Jesús. ¿Por qué negaría Pedro su relación cercana con su Maestro y Salvador? Presta atención a la siguiente lista de razones extraídas de Lucas 22:45-60. Queda claro cómo él se alejó del camino del Señor.

- Pedro se puso a dormir en vez de orar (Mt. 26:40).

- Pedro peleó contra un soldado y le cortó la oreja cuando debió haber obedecido la orden de Jesús de quedarse quieto (Jn. 18:8-11).

- Pedro abandonó a Jesús en el momento de su arresto, y luego le siguió de lejos (Mt. 26:55-56, 58).

- Pedro se sentó entre la multitud mientras acusaban a Jesús, en lugar de acompañarlo y respaldarlo (Mt. 26:58).

- Pedro negó a Cristo en vez de alzar la voz y confesar la verdad acerca de su relación con Jesús (Jn. 18:16-17, 25-27).

Cuando otros te hablan con verdad acerca de una falta tuya o te advierten acerca de algún comportamiento que podría terminar mal, sigue con prontitud los siguientes pasos:

- *Deja* de hacer lo que está mal.

- *Examina* tu vida y lo que la Palabra de Dios o tu prójimo dice.

- *Escucha* lo que Dios te enseña por medio de la oración.

- *Endereza* tu camino.

¿Quieres tomar decisiones que desarrollen grandeza en ti? Entonces resuelve tomar el camino difícil que te traerá beneficios, y acércate a Dios. No hagas como Pedro que negó sus faltas y se alejó. Reconoce tus errores, salta al agua y enfrenta la prueba que has querido evitar, y cruza hasta el otro lado, donde están el crecimiento y la perfección. Dios te acompañará en todo momento. Él te ayudará a vencer tu debilidad.

5. *Compararse.* Cuando enfrentamos dificultades sentimos la tentación de comparar nuestras pruebas con las de otros. Erramos al decir: "Soy la única que tiene que soportar y sufrir esto. Estoy sola en esta lucha. Nadie a quien conozco tiene un problema semejante".

Imagina esta escena donde aparecen los discípulos Pedro y Juan. En el evangelio de Juan, capítulo 21, Jesús preguntó tres veces a Pedro si lo amaba, y luego le dijo: "Cuando eras más joven, te ceñías, e ibas a donde querías; mas cuando ya seas viejo, extenderás tus manos, y te ceñirá otro, y te llevará a donde no quieras. Esto dijo, dando a entender con qué muerte [Pedro] había de glorificar a Dios" (vv. 18 y 19). Con esto, Jesús le dijo a Pedro que sufriría una muerte dolorosa, con la cual honraría su compromiso con el Señor.

> *El camino más corto hacia la madurez es la senda de Dios, que no se desvía en medio de nuestros problemas.*

¿Qué hizo Pedro después? Se volvió, miró a Juan, y preguntó a Jesús: "Señor, ¿y qué de éste?" (v. 21). Con razón el Señor reprendió a Pedro y le dijo: "¿Qué a ti? Sígueme tú" (v. 23).

¡Vaya que hacemos lo mismo que Pedro! Nuestra naturaleza pecaminosa tiende a comparar nuestra situación con la de otros, y cómo esta parece tan tranquila frente a nuestro sufrimiento. O a veces creemos que las pruebas de los demás son más llevaderas. Decimos: "¿Y qué de este? ¿Y qué de esta? ¿Y qué de esa familia? ¿Y qué de esa situación? Lo que me sucede a mí no les pasó a ellos. Parece que no tienen problemas. ¡Y mira cuántos problemas y ayes sufro yo!"

Sin embargo, estas comparaciones no funcionan. En primer lugar, no es una actitud sabia (2 Co. 10:12). Otra razón es que Dios obra en la vida de sus hijos de manera diferente y mediante "diversas" pruebas (Stg. 1:2). En 2 Corintios 12:10 Pablo menciona cinco clases diferentes de sufrimiento: debilidades, afrentas, necesidades, persecuciones y angustias. Asimismo, el hecho de compararnos o de comparar nuestro sufrimiento, nuestras pruebas o nuestras circunstancias con los de otros demuestra que cuestionamos la sabiduría y la justicia de Dios. En esencia, Jesús dice que lo que sucede con otros no es asunto nuestro. Nuestro deber es seguirle y poner nuestros ojos en Él (Jn. 21:22).

Todas tenemos mucho camino por recorrer (o mucha distancia por nadar en este río de la prueba) para alcanzar la madurez espiritual. El camino más corto hacia la madurez es la senda de Dios que no se desvía en medio de nuestros problemas. A fin de alcanzar el crecimiento que Él desea para nosotras, tenemos que someternos a nuestra prueba sin cuestionar su decisión de permitirla y sin compararnos con otros. Dios es demasiado sabio para cometer un error, y demasiado amoroso para pedirnos que nos sometamos a las pruebas a menos que sea por nuestro bien supremo y para cumplir el mejor plan para nuestra vida. Dios ha dispuesto las circunstancias para tu vida que te prepararán para ser más útil a su obra.

¿No te alegra saber que Dios nos deja ver el resultado final de su obra en la vida de Pedro? Al final, Pedro decidió avanzar con valentía en las pruebas singulares de su ministerio. Él escogió entrar en el río que tenía delante. Él prefirió perseverar en las pruebas hasta llegar al otro lado, a una vida ministerial asombrosa y en el gozo supremo del cielo, donde no hay más sufrimiento, ni lágrimas, ni muerte. La tradición cristiana señala que Pedro padeció una muerte muy dolorosa, la crucifixión. Sin embargo, él pidió que lo crucificaran con la cabeza abajo porque se sentía indigno de morir de la misma manera que su Señor. Pedro no negó a Cristo para evitar la ejecución. Esto es una evidencia contundente de su crecimiento y madurez espiritual.

–Un paso adelante–

¿Te fijaste en la madurez de Pedro? ¿En su crecimiento? ¿Cuál fue el proceso para alcanzar ese desarrollo? Respuesta: Pruebas, pruebas, y más pruebas. Él fracasó muchas veces antes de pasar al otro lado de sus pruebas. Sin embargo, a su tiempo, y como resultado de su prueba, llegó a vivir a la altura del nombre que Jesús le puso: Pedro, la roca. Una vez que Pedro aprendió a aceptar sus debilidades, a no negar a su Señor, y a no comparar sus pruebas con las de otros, su vida adquirió el carácter de la roca, del granito. Se volvió inamovible, firme, y un líder destacado en la iglesia primitiva. Pide que puedas seguir los mismos pasos de Pedro hacia la madurez —tomar decisiones que promueven grandeza— y avanza en la senda de Dios en medio de tus problemas. Sigue los pasos que Dios ha puesto en tu camino para tu crecimiento y perfección.

Recuerda también a Sara. Su prueba fue una experiencia dura y prolongada. Imagina 25 años —no horas, ni semanas, ¡sino años completos!— de anhelar algo que te prometieron y no ver un asomo de su cumplimiento. Con todo, Sara perseveró, junto a Abraham. Ella acompañó a su esposo en su obediencia a Dios y "salió sin saber a dónde iba" (He. 11:8). Fue un camino arduo y muy largo, pero su fe creció en el proceso. Cuando Sara concibió y dio a luz al hijo prometido, todos —incluso ella— vieron el prodigio de Dios. Fue evidente que

Sara intentó hacer las cosas a su manera, pero al final Dios obró su plan y se glorificó en gran manera.

Querida amiga lectora, ese es el resultado de nuestra aceptación gozosa de las pruebas, y de nuestra decisión de permanecer en ellas. Nuestra madurez redunda en alabanza, honra y gloria a Dios. Es imposible adquirir nuestra madurez y estabilidad por medios humanos, porque son virtudes que pertenecen a Dios. Su obra, su plan, y su gracia lo hicieron posible.

Mas tenga la paciencia su obra completa, para que seas perfecta y cabal, sin que te falte cosa alguna. Que seas una torre fuerte para la gloria de Dios. Gózate en su nombre cuando la vida no es motivo de alegría. Muéstrate dispuesta a crecer hasta que seas un instrumento útil para Dios y para los demás, todo por Él.

¿Qué paso debes tomar en este preciso momento? Decide aceptar tus pruebas. Pídele a Dios que te ayude, y sella tu compromiso con una oración de gratitud por su bondad, su misericordia, su gracia, y su plan maravilloso para tu vida.

Aquello que nos limita, que nos coarta, las pruebas que atravesamos y las tentaciones que nos asaltan, nos acercan más al Señor para que nuestro testimonio sea más valioso a los ojos de Dios. Cuando estamos bajo limitaciones impuestas servimos mejor al Señor, porque es entonces cuando más dependemos de Él.[1]

11

Vencer obstáculos

Y la constancia debe llevar a feliz término la obra,

para que sean perfectos e íntegros,
sin que les falte nada.
Santiago 1:4, NVI

Hace varios años, Jim y yo hicimos una gran mudanza, la primera en 16 años de matrimonio. Podrás imaginar el desorden y el caos. No solo nos mudamos del soleado sur de California al brumoso noroeste del Pacífico, sino que dejamos atrás nuestra gran casa donde criamos a nuestras hijas, donde organizábamos grandes estudios bíblicos y atendíamos huéspedes, y donde celebramos dos bodas. Y ¿a dónde nos fuimos a vivir? A una especie de cabaña en el bosque, muy singular y poco práctica. Es perfecta para nosotros dos, una cena familiar, y uno que otro visitante, y para pasar largos días escribiendo.

A raíz de este cambio a una vivienda tan pequeña, quedamos con muebles y "trastos" por cantidades, y no teníamos dónde ponerlos. Por un tiempo pusimos estos "trastos" en un depósito, al tiempo que Jim y yo seguíamos muy ocupados atendiendo a nuestra familia que crecía con gran rapidez (¡contando los nietos!), nuestros compromisos, y nuestras múltiples responsabilidades y viajes ministeriales.

Un día nos dimos cuenta de que nunca cumpliríamos el anhelo de ser organizados y de tener nuestra casa en orden hasta que lidiáramos con los trastos que habíamos guardado y que habíamos acumulado en 35 años de matrimonio y vida familiar. Jim y yo nos metimos en el depósito. Allí clasificamos los enseres, decidimos qué hacer con cada cosa —archivos, chucherías, un juego adicional de resortes y barandillas de cama, un querido pero muy estorboso baúl que mi padre me hizo cuando me casé, entre muchas otras cosas—. Uno por uno, objeto por objeto, y día a día, organizamos la mayoría de artículos que nos impedían disfrutar del orden y la libertad que tanto anhelábamos.

Así como esa habitación transitoria repleta de objetos inútiles coartaba nuestra libertad y nos impedía avanzar tanto a Jim como a mí, las actitudes de rechazo a nuestras pruebas nos frenan también. Hasta ahora hemos estudiado cinco: 1) *Resistirse*, 2) *Abstraerse*, 3) *Resentirse*, 4) *Negar* y 5) *Compararse*. Cuando fallamos en asumir nuestras pruebas, retrasamos una vida mejor, el mayor crecimiento y la madurez espiritual que anhelamos y que Dios desea darnos.

Confío en que tú hayas hecho ya frente a algunas de estas excusas y tácticas que empleas cuando enfrentas alguna prueba. ¿Qué tal lo haces en este momento? Mi oración es que estés gozando de tu transformación y te des cuenta de las bendiciones y beneficios que vienen como fruto de tus pruebas.

Ahora, sigamos adelante. Hay algunas actitudes problemáticas, o impedimentos, que debemos considerar, y enfrentar.

Vencer los obstáculos para el progreso

6. *Orgullo*. Por regla general, deseamos que los demás piensen de nosotras lo mejor, ¿no es cierto? Nos esmeramos por causar la mejor impresión. Queremos ganar en todo, o al menos que eso parezca. Cuando otros ven cómo luchamos en una situación difícil o se enteran de algún problema que nos aqueja, nos preocupa el qué dirán. También nos angustia nuestra apariencia cuando sufrimos físicamente.

¿Qué solución buscamos? Nos negamos a hablar y evitamos el contacto con otros. Cuando sufrimos físicamente nos alejamos y nos quedamos en casa hasta que mejora nuestra apariencia. Frente a ciertas pruebas, dejamos de asistir a la iglesia o de salir a la calle, al tiempo que nos convencemos a nosotras mismas de que volveremos a la normalidad, que retomaremos los compromisos ministeriales y asistiremos a la iglesia *cuando* nos veamos o sintamos mejor, o *cuando* superemos nuestro problema.

> *Deja que Dios use a otros que te apoyen cuando enfrentas pruebas. Esto demuestra tu madurez y permite a Dios obrar por medio del otro.*

Pablo nos da un gran ejemplo respecto a nuestra lucha con el orgullo y a la necesidad de permanecer humildes y dispuestas. Él no se mostró orgulloso, sino dispuesto a recibir la ayuda de otros en sus numerosas pruebas. Pablo no fue arrogante. Tampoco alimentó el complejo de mártir ni adoptó una actitud de "pobre de mí" cuando sufría.

- Pablo permitió que la iglesia de Filipos le enviara ayuda y dinero mientras él sufría penalidades en la prisión (Fil. 4:15-18).

- En una carta a Timoteo, Pablo le pidió que recuperara el capote que había dejado en casa de un amigo, que trajera consigo a Marcos, y que viniera a Roma para que fuera su colaborador durante su último encarcelamiento (2 Ti. 4:9-13).

- Pablo aceptó la hospitalidad y amistad de Priscila y de Aquila. Se quedó en su casa y trabajó al lado de ellos mientras se preparaba para ministrar por fe el evangelio en Éfeso, en medio de la oposición. Ellos incluso arriesgaron sus vidas por él (Hch. 18:2-3; Ro. 16:3-4).

Estos son apenas algunos ejemplos de los sufrimientos de Pablo y su necesidad de ayuda durante los tiempos difíciles y las pruebas del ministerio. Él no se preocupó ni se inquietó por lo que otros podrían pensar de él. De hecho, él declaró que era prisionero, pero del Señor (2 Ti. 1:8). Demostró una actitud humilde cuando anunció: "Yo soy el más pequeño de los apóstoles, que no soy digno de ser llamado apóstol, porque perseguí a la iglesia de Dios. Pero por la gracia de Dios soy lo que soy; y su gracia no ha sido en vano para conmigo, antes he trabajado más que todos ellos; pero no yo, sino la gracia de Dios conmigo" (1 Co. 15:9-10).

Como Pablo, la mujer consagrada a Dios —una mujer que acepta la voluntad de Dios, que confía plenamente en Él, y que con valentía recibe sus pruebas— nunca se muestra orgullosa, y se acerca a Dios *en medio* de su prueba. Además, pide y acepta la ayuda de otros en su sometimiento a la prueba que le sobreviene.

Te ruego que no caigas en la trampa del orgullo. Mira a Dios y busca en Él *su* propósito, *su* aprobación, *su* entendimiento, *su* compañerismo, y que al final te diga "bien hecho" cuando decidas entrar en el río de la prueba. No te preocupes por lo que otros piensan o podrían pensar. Pon tus ojos en el Señor. Descansa en Él. Acepta la ayuda. Aprende lo que Él te quiere enseñar.

¿Cuál es tu prueba hoy? ¿Cuál es tu necesidad en medio de esa prueba? ¿Necesitas que alguien ore por ti? Entonces cuéntale tu dificultad a un cristiano. ¿Necesitas sabiduría para manejar tu situación? Busca la ayuda y el consejo de otros. ¿Necesitas que te lleven a la iglesia, o al hospital para un tratamiento, o al aeropuerto porque no tienes auto, o el tuyo se descompuso? Habla de tu necesidad. No seas orgullosa para callar tu necesidad de ayuda. Deja que Dios use a otros que te apoyen cuando enfrentas pruebas. Esto demuestra tu madurez y permite a Dios obrar por medio del otro. ¡Ambos recibirán bendición!

7. *Engaño*. Salomón, el hombre más sabio que existió antes de la venida de Cristo, dijo: "De sus caminos será hastiado el necio de corazón" (Pr. 14:14). Él enseñó que quienes se alejan del Señor cosecharán las consecuencias de su elección. Como una mujer que desea encontrar el camino de Dios y permanecer en él contra viento y marea, tienes que ser muy cuidadosa para no caer en el autoengaño.

¿Sabes de qué manera nos desviamos muchas veces del camino de Dios y fallamos en seguirle? Cuando dejamos de obedecer sus preceptos. Cuando le damos lugar a algún pecado, pequeño o grande, tenemos dos opciones: confesar nuestra falta, nuestra mala decisión o comportamiento y volver a la senda divina, o engañarnos a nosotras mismas en cuanto a la ofensa, negarnos a cambiar, y descartar cualquier acción positiva. Nos justificamos alegando: "No es tan malo. Todos tenemos un desliz de vez en cuando. Después de todo, la

Biblia dice que todos hemos pecado. Además, no le hice daño a nadie. ¿Cuál es el alboroto?" La lista de justificaciones para nuestro pecado puede extenderse al infinito. Sin embargo, la Palabra de Dios dice:

> *Si decimos que no tenemos pecado, nos engañamos a nosotros mismos, y la verdad no está en nosotros.*
>
> *Si confesamos nuestros pecados, él es fiel y justo para perdonar nuestros pecados, y limpiarnos de toda maldad.*
>
> *Si decimos que no hemos pecado, le hacemos a él mentiroso, y su palabra no está en nosotros* (1 Jn. 1:8-10).

Piensa por un momento en el rey David y el pecado sexual que cometió con Betsabé, la esposa de otro hombre. A primera vista podría ser fácil encontrar justificación a su conducta: "Bueno, algún punto débil tenía que tener David, las mujeres". Pero cuando estudias el relato de las circunstancias que lo llevaron a pecar, descubres que David pudo haber tenido un problema de otra índole *antes* de que viera a Betsabé. La Biblia relata: "Aconteció al año siguiente, en el tiempo que salen los reyes a la guerra, que David envió a Joab… pero David se quedó en Jerusalén" (2 S. 11:1). Me pregunto si le dio pereza, si se sintió cansado o deprimido, o no tenía ánimo de guiar a su pueblo, ni de ir a la guerra y cumplir con sus responsabilidades reales.

Ese fue el problema número 1. Y el número 2 le siguió de inmediato. Mientras el rey David se quedaba en casa, sin mucho que hacer aparte de pasearse por su terraza, vio a Betsabé mientras ella se bañaba. En el caso de David podemos ver cómo un pecado, que se esconde y pasa por alto, puede conducir a otro, y éste a su vez al siguiente pecado, y así sucesivamente. David se quedó en casa en vez de ir a la guerra, vio a una mujer casada, preguntó por ella, mandó traerla, se acostó con ella, planeó el asesinato de su esposo y luego ocultó el crimen. David miró, codició, planeó y cometió un adulterio y un asesinato.

> *Dios está dispuesto y es poderoso para guardarte en esta senda, y para acompañarte en medio de tus problemas, a medida que los soportas y superas.*

Tras cometer estos actos monstruosos, se engañó a sí mismo durante casi un año, cubriendo uno tras otro sus muchos pecados. Cometió pecado tras pecado, añadiendo una capa sobre otra a su pecado original. Su primer engaño terminó en una conspiración, que a su vez condujo a un asesinato, que al fin acabó en mentira.

El autoengaño es muy tentador, y nos lleva a aceptar conductas contrarias a la Palabra con argumentos permisivos y acomodaticios, en vez de ser maduras, practicar el dominio propio y hacer lo correcto. La obediencia es una característica de los seguidores de Cristo. Cuando fallamos en acatar sus principios e instrucciones, Dios nos provee el camino de regreso. ¿Qué debemos hacer? Debemos orar, confesar nuestra desobediencia a Dios, y someternos a su verdad respecto a nuestra condición pecaminosa. Entonces Él nos extenderá su maravilloso perdón.

Así puedes volver a encaminarte en la senda que Dios ha trazado. Y la oración, ese precioso don, te *mantendrá* en ella. Cuando presentas tus problemas y pruebas a tu Padre celestial,

Él es fiel para ayudarte a resistir y vencer la lujuria, los celos, la contienda, la arrogancia, la tentación, la pereza, las mentiras, y toda clase de pecados a los que somos tan proclives. Dios está dispuesto y es poderoso para guardarte en esta senda, y para acompañarte en medio de tus problemas, a medida que los soportas y superas. ¿Y qué ganas al final de tus problemas?

- Un carácter más formado
- Un mejor entendimiento de Dios
- Una mayor resistencia al pecado (por su gracia)
- Una identidad más interiorizada con Cristo
- Una actitud más positiva y esperanza hacia el futuro

Amiga mía, esto es madurez espiritual, una madurez que te hace más eficaz y útil para el Señor y para el servicio al prójimo. Dado que la prueba final de la vida es el servicio, asegúrate de apartar cualquier obstáculo que estorbe tu progreso.

Permitir la obra de Dios en tu vida

Hemos dedicado varios capítulos a exponer los obstáculos que interponemos a la obra de Dios en nuestra vida, o por qué no nos sometemos a su prueba. Ahora, demos un giro de 180 grados. Dejemos atrás nuestros temores y dudas en torno a nuestras pruebas y prosigamos con el plan de Dios.

Dios quiere que nos sometamos a nuestras pruebas sin resistencia alguna. Él quiere que le demos completa libertad para obrar en nuestra vida. Solo tenemos que ceder. No seremos quebrantadas. ¡Créeme! La meta de Dios no es quebrantarnos, sino convertirnos en cristianas maduras, más útiles y estables. Así que acepta las pruebas que vienen del Señor. Él no te pide que te rindas. Solo ríndete a las pruebas que Él trae a tu vida y da los pasos que te ordena. La gracia que Él promete darte vendrá en la medida en que avances en obediencia.

Cuando pienso en lo que significa someterse y rendirse a Dios, imagino un altar. En mi espíritu y en mi mente, procuro cada día subirme al altar y rendirme. Allí permanezco, acostada boca arriba, cara a cara con Dios, apretando mis puños y abriendo mi corazón a Él. Es el momento oficial de la rendición, de entregarle todo a Él. Allí oro: "Heme aquí, Señor. Tómame, toma todo lo que soy. Este es tu día y tu vida. Yo soy tu sierva. Cumple tu voluntad en cada aspecto de mi vida. Me presento delante de ti como sacrificio vivo".

En mi caso, esta oración y entrega personal a Dios me ayudan a someterme a su designio, y a las pruebas en mi vida y en mi día. Tomé esta idea de un seminario al que asistí hace algunos años titulado "La mujer plena y exitosa". La instructora, Verna Birkey, habló acerca de "oraciones de compromiso" y oraciones de rendición. Por ejemplo, sugirió un modelo de oración para mujeres solteras: "Señor, usa mi vida. Que se haga en mí lo que tú quieres, Dios". ¿Percibes la actitud de entrega que encierra la palabra "úsame" en una oración ferviente a Dios? Las mujeres casadas, además de orar "usa mi vida", pueden también decir a Dios "usa también la vida de mi esposo".

De igual manera, necesitamos someternos a las pruebas que Dios envía para ayudarnos a madurar. Tenemos que someternos a Él. Someterse significa "obedecer o acatar en reconocimiento de la autoridad de otro" (es evidente que se refiere a Dios). La definición completa es: "Obedecer o acatar en reconocimiento de la autoridad de otro, o de su conocimiento superior" (aquí de nuevo hace referencia a Dios).

–Un paso adelante–

Si quieres crecimiento espiritual, debes apartar los obstáculos. Para ello, toma este primer paso: *Sométete* a Dios. Descansa y acepta la prueba que Dios te manda.

El segundo paso es: *Reconoce* que la prueba de tu fe produce paciencia (Stg. 1:3). Persevera en tus pruebas hasta que "tenga la paciencia su obra completa" (1:4). La única ruta constructiva para salir de una prueba es pasar por ella. Desecha cualquier actitud manipuladora y el deseo de hacer las cosas a tu manera en términos de compromisos y responsabilidades.

Y el tercer paso: *Persevera* en la prueba con la expectativa de alcanzar la recompensa que deseas. Un motivo para permanecer es ver la culminación de una obra, y la perseverancia que exige hasta el final.

Nadie sabe cuánto es capaz de soportar hasta que es probado.

Susanna Wesley

12

Experimentar el poder y la perfección de Dios

Mas tenga la paciencia su obra completa,
para que seáis perfectos y cabales,
sin que os falte cosa alguna.
Santiago 1:4

¿Has visto alguna vez un equipo de lucha libre? ¿Has conocido a un luchador? Algo asombroso de los jugadores de lucha es que aunque pueden entrenar, levantar pesas y practicar ejercicios de musculatura, solo cuando se enfrentan a otro luchador desarrollan las habilidades que en verdad necesitan.

Lo mismo sucede con nosotras en el dominio espiritual. Podemos leer la Palabra de Dios, asistir a estudios bíblicos, memorizar pasajes, ir al a iglesia y a la escuela dominical, pero solo cuando enfrentamos verdaderas pruebas podemos usar la fe y la confianza en Dios que desarrollamos por medio de estas actividades espirituales. Sin la experiencia no sabremos cómo usar el conocimiento que hemos acumulado. No habrá oportunidad de desarrollar resistencia y madurez espiritual.

La obra de Dios en mí

Dios usa las pruebas en nuestra vida para "perfeccionarnos" y madurarnos. Un "oponente" muy célebre en mi vida me ayudó a cambiar mi forma de vivir. Yo tenía una forma de ser meticulosa y minuciosa en mi carácter y en mi manejo del tiempo. Podría decirse que yo tenía una personalidad "tipo A". Siempre he organizado mi agenda y mis pequeñas rutinas con gran minucia, hasta el punto de que era posible cronometrarlas. Pero Dios quería enseñarme un par de cosas, así que empezó a trabajar en mi actitud y en mi manejo del tiempo. ¿Cómo lo hizo? Por medio de una prueba, de un examen: Envió a mi familia al campo misionero; a Singapur, para ser exactos.

Aprendí a descansar más en el Señor, a entregarle más y más mi agenda, a despojarme más y más de asuntos que copaban mi preciada rutina, a permitirle hacer su obra perfecta en mí.

Al aterrizar en Singapur, poco sabía yo que estaba a punto de experimentar un cambio gigantesco. Jim y yo, junto con nuestras dos hijas preadolescentes vivimos allí sin auto. ¿Puedes imaginar el trauma que esto significaba para alguien que vivía en Los Ángeles donde todos prácticamente viven en su auto? No tener auto significó que cada día pasábamos horas de pie en las esquinas esperando un bus que siempre llegaba tarde, o nunca llegaba. También tuve que esperar taxis en la calle, pero casi nunca paraban porque iban llenos. Soporté la lluvia sin un medio de transporte y sin teléfono.

(Esto fue antes de que los teléfonos celulares se volvieran tan baratos). Mi pequeña y minuciosa rutina que me tomó tantos años perfeccionar, al fin sucumbió.

¿Cómo asumí este nuevo reto y las pruebas que trajo mi nueva situación? Amiga, Dios quería llevarme a la perfección, y por eso tuvo que llevarme a Singapur. Allí, en mi "prueba", Él me enseñó la variedad: variedad de pruebas hechas a la medida, variedad de maneras de vivir, variedad de formas de administrar el tiempo y los recursos. Aprendí que millones de mujeres llevan vidas muy diferentes de la mía. También me di cuenta de que gran parte de mis materiales de enseñanza no serían de mucha utilidad a las miles de mujeres cuyas vidas diferían tanto de la mía, de mis costumbres.

Fue así que aprendí a ser flexible en un país extranjero. Me volví más paciente con esas esperas de pie. Desarrollé una mayor confianza en Dios al empezar a descansar en su sabiduría y propósito en mi nuevo estilo de vida. Aprendí a descansar más en el Señor, a entregarle más y más mi agenda, a despojarme más y más de asuntos que copaban mi preciada rutina, a permitirle hacer su obra perfecta en mí.

Cuando volvimos a los Estados Unidos, regresé siendo una mejor persona, una cristiana más fuerte, una sierva del Señor más sensible y más eficaz para animar a otras mujeres en mi ministerio de enseñanza. También hice modificaciones a mis materiales de enseñanza a fin de alcanzar a más mujeres con el mensaje de amor, esperanza, fortaleza, gracia y misericordia de Dios.

Este es solo un ejemplo de cómo Dios usó las pruebas en mi vida para derretirme y moldearme, y hacerme más semejante a Él. ¡Alabado sea el Señor!

El poder de Dios revelado

Es realmente asombroso ver cómo Dios nos saca de nuestra comodidad y nos impulsa más allá de nuestra situación presente. Él usa las pruebas y nos examina para ayudarnos a enfrentar y vencer los retos, a fin de que coronemos más victorias para Él. Sí, estas lecciones resultan difíciles y costosas, desarrollan y exigen fortaleza, confianza en Dios y resistencia, hasta que logramos crecer. Pero al final gozamos de una mayor comprensión del poder de Dios y de cómo usarlo y aprovecharlo en pruebas futuras.

Medita por un momento en la fe, la resistencia y la devoción a Dios que demostraron estas personas, gente como tú y como yo. Ellos tuvieron que afrontar situaciones muy difíciles, frente a las cuales podían elegir el modo de responder. ¡Y Dios honró su fe!

En el foso de los leones. Daniel era un israelita al que llevaron cautivo a Babilonia. Era un hombre muy capaz, y no tardó en ganarse el favor y la confianza del rey. Con el tiempo, los oficiales de la corte se llenaron de envidia y conspiraron para asesinar al joven israelita. El resultado final fue que arrojaron a Daniel al foso de leones para que éstos lo mataran y lo devoraran.

Pero Daniel confiaba en Dios, y sabía que no lo abandonaría. En el foso de los leones, Daniel comprobó el poder de Dios y la presencia de uno de sus ángeles. Daniel le explicó después al rey: "Mi Dios envió su ángel, el cual cerró la boca de los leones, para que no me hiciesen daño, porque ante él fui hallado inocente; y aun delante de ti, oh rey, yo no he hecho nada malo" (Dn. 6:22).

Así ocurrió el milagro. Daniel salió ileso, Dios se glorificó, y le adoraron. El rey mismo escribió al pueblo: "El Dios de Daniel… es el Dios viviente y permanece por todos los siglos… y hace señales y maravillas… [y] ha librado a Daniel del poder de los leones" (vv. 26-27). Cuando Daniel se sometió a su difícil prueba en el foso de los leones y la soportó, los incrédulos vieron el poder de Dios, la fe de Daniel se fortaleció, y más adelante recibió una de las revelaciones más notables de sucesos futuros que Dios le haya confiado a alguien.

En el fuego. Sadrac, Mesac y Abed-nego, que eran amigos de Daniel, fueron arrojados a un horno de fuego por no querer inclinarse y adorar una imagen de oro, como había ordenado el rey (Dn. 3:1-19). Estos tres hombres aceptaron gustosos su prueba y luego experimentaron el poder y la presencia de Dios manifestados en el cuarto "varón" que apareció con ellos en el horno. El rey describió a este "varón" como alguien "semejante a hijo de los dioses" (vv. 24-26). La mayoría de los eruditos consideran que se trataba de Cristo antes de su encarnación.

¿Y qué vino como consecuencia de la prueba de Sadrac, Mesac y Abed-nego en el horno de fuego? Dios fue glorificado y todos conocieron acerca de Él. Sadrac, Mesac y Abed-nego salieron ilesos del horno. Su fe se fortaleció por el poder de Dios para librarlos (v. 17), y el rey proclamó ante el pueblo lo que vio con sus propios ojos: "Bendito sea el Dios de ellos, de Sadrac, Mesac y Abed-nego, que envió su ángel y libró a sus siervos que confiaron en él… no hay otro dios que pueda salvar como éste" (vv. 28-29). A raíz de este suceso, tres israelitas fueron asignados a cargos de eminencia y allí fueron también el testimonio vivo de un Dios vivo.

En el altar. Tras 25 años de espera, Abraham tuvo por fin un hijo con Sara. Con todo, la prueba de Abraham aún no había concluido. Después de algunos años, Dios pidió a su siervo Abraham que ofreciera a su hijo Isaac sobre el altar como sacrificio a Él. ¡Qué prueba tan tremenda! Pero Abraham entró en las aguas de su prueba, tomó a su hijo y lo llevó al lugar señalado por Dios, lo ató y lo puso sobre un altar.

Al acercarse Abraham al término de su acto de obediencia, con el cuchillo en alto para herir a su hijo, sucedió un milagro en el último segundo. Dios habló desde el cielo y le ordenó a Abraham que no tocara a su hijo. En seguida proveyó un sacrificio, un carnero trabado en un zarzal cercano (Gn. 22:2-14).

Sí, ocurrió el asombroso milagro, en la vida de Isaac y en la de Abraham. Dios es fiel a su pueblo, ¡que también somos nosotros! Él usa su poder para ayudarnos a atravesar —o a salir— de nuestras pruebas. La fe de Abraham nunca menguó. ¡Él pasó la prueba!

Abraham sobresale como un modelo de perseverancia para nosotras, como alguien que se dejó guiar por Dios. Fue un ejemplo de fe verdadera, y es llamado el "padre de todos los creyentes" (Ro. 4:11).

En la cruz. Allí vemos el ejemplo supremo de Cristo. Aunque nunca cometió pecado y era el Hijo de Dios, sufrió el castigo por nuestro pecado en la cruz. El pecado del mundo, las mentiras y la falsedad de los hombres le pusieron allí. Y a pesar de todo, Él eligió soportarlo hasta el final. Muchos milagros sucedieron como resultado de su obediencia a Dios: el milagro de las tinieblas que hubo al mediodía, el velo del templo que se rasgó, los muertos que resucitaron, la resurrección de Jesus y, sobre todo, el milagro de la redención y la salvación para nosotros.[2] Él permaneció en la cruz, a pesar de las burlas: "A otros salvó, a sí mismo no se puede salvar; si es el Rey de Israel, descienda ahora de la cruz" (Mt. 27:42). Es indudable que siendo Dios hubiera

> *Al final de tu prueba conocerás mejor a Dios, tu fe se fortalecerá, y tu carácter cristiano será perfeccionado.*

podido descender de la cruz, pero Jesucristo perseveró para cumplir el anhelo redentor de Dios. Él hizo la voluntad del Padre, confió en Él plenamente y se encomendó a Aquel que juzga justamente (1 P. 2:23).

Todos los anteriores son ejemplos de perseverancia acompañados de milagros y prodigios. También Dios se glorificó en esas situaciones. Y en cada caso, la fe maduró porque Dios hizo los milagros y para todos resultó evidente que fue su mano. ¡Vieron a Dios en acción, con la solución divina! Fue Dios al 100%, y no las habilidades, el conocimiento, las palabras bonitas y las astucias humanas lo que puso fin a esas pruebas. Quienes las vivieron solo tuvieron que hacer tres cosas: entrar en su prueba, permanecer en ella, y esperar y confiar en Dios.

Esa es también tu prueba. Cuando la prueba llegue (y sabes que así será), permanece en ella. Al final conocerás mejor a Dios, tu fe se fortalecerá, y tu carácter cristiano será perfeccionado. Te espera una mayor madurez y ministerio, y una mayor resistencia. ¡Las bendiciones son incontables!

¿Cuánto puedes resistir?

Tengo una gran pregunta para ti: ¿Cuánto puedes resistir una prueba? Si recorremos el Antiguo Testamento, vemos que…

Noé, por la fe, predicó durante 120 años mientras construía el arca. ¿Por cuánto permanecerías fiel y hablarías la verdad de Dios a un pueblo que te desprecia y te trata como un demente?

Abraham, que vivió 170 años, fue enviado por Dios a buscar una ciudad. Abraham obedeció sin saber a dónde iba, y murió en fe, sin haber recibido nunca la promesa, sin haber visto siquiera la ciudad que había buscado. ¿Por cuánto tiempo has buscado?

Lea, que no era una mujer atractiva, y su bella hermana Raquel, se casaron con el mismo hombre: Jacob. La Biblia dice que Jacob sólo amó a Raquel. ¿Por cuánto tiempo aguantarías un matrimonio sin amor? La querida Lea permaneció, y al final fue bendecida al convertirse en madre de seis hijos que más adelante formaron seis de las doce tribus de Israel. Ella alcanzó madurez y cosechó los frutos de su perseverancia.

Rut también fue una mujer que perseveró, no en un lugar, sino con una persona, su amargada suegra. Noemí, cuyo nombre significa "placentera", dijo: "No me llaméis Noemí, sino llamadme Mara", que quiere decir "amarga" (Rt. 1:20). Rut dejó su familia, su casa, y todo lo suyo para acompañar a Noemí a su patria en medio de su angustia. ¿Y qué sucedió después? Se casó con un hombre piadoso y tuvo un hijo que fue parte del linaje del Mesías.

Abigail soportó un matrimonio infeliz. Estaba casada con un hombre necio y alcohólico, y pasó su vida matrimonial enmendando los errores de este hombre y sus consecuencias desastrosas. ¿Cuál fue el resultado de su fidelidad, estabilidad, sabiduría y madurez en medio de su situación? Que al fin se casó con el rey David después de la muerte de su esposo.

Y de historias más recientes, conocemos por ejemplo a *Susana Wesley*, quien soportó un matrimonio difícil y complicado. En una reseña biográfica de su vida titulada "Una casa dividida", descubrimos que Susana perseveró e hizo el mejor de sus esfuerzos. Sus dones brillaron en medio de la oscura ventana de su matrimonio. Ella usó sus fuertes dotes de liderazgo para entrenar, disciplinar y educar a sus hijos, entre los cuales están Juan y Carlos Wesley. Susana podía decir con toda certeza: "Nadie sabe lo que es capaz de soportar hasta que es probado". En vez de sucumbir a la desesperanza, esta mujer de fe invirtió su fuerza en construir para Dios un hogar lleno de niños de buena conducta, espiritualmente sensibles. Ella honró los puntos fuertes de su marido y perdonó todas sus faltas, a lo largo de años de infortunio. Además de su rigurosa rutina diaria, esta mujer talentosa emprendió otros proyectos que trajeron satisfacción a su vida. Escribió tres libros religiosos para niños, y su casa se convirtió en un centro de ministerio espiritual y aliento para su comunidad. Aunque su mundo era pequeño y sus muros parecían muy altos, ella floreció más allá de sus fronteras.[2]

Susana Wesley perseveró, y llevó mucho fruto.

En pos de la perfección

Perseverar, perseverar, perseverar. No hay otro camino para atravesar las pruebas de Dios, ser testigo de su poder, experimentar su perfección y ser partícipe de sus bendiciones que son el crecimiento y el fruto espiritual. Después de estudiar mucho los tres resultados de la prueba de Dios, que son estar "completa... cabal... sin que falte cosa alguna", comprendí que en esencia son lo mismo. Aunque hay algunas variaciones, la madurez y la potencialidad para el servicio a Dios y al prójimo son los frutos más notables de las pruebas vividas hasta el final. Por medio de las pruebas llegamos a ser...

> ..."perfectos". En el Antiguo Testamento, un animal para el sacrificio tenía que ser perfecto; si estaba destinado al sacrificio al Señor no podía ser "ciego, perniquebrado, mutilado, verrugoso, sarnoso o roñoso" (Lv. 22).

> ..."completos", maduros, o plenamente desarrollados. Esto supone perfección en todas las partes o miembros, sin defectos, sin carencias.
>
> ..."sin defecto". Esto significa anhelar ser sin defecto y sin falta.

Te animo a perseverar. Cuando las cosas se pongan difíciles, habla con Dios. Cuéntale lo que pienses y lo que sientes. Él entenderá, no se enojará. Él te dará la fortaleza que necesitas para continuar.

–Un paso adelante–

Te preguntas, al igual que yo: "¿Cómo puedo perseverar en mis pruebas?" Y también: "¿Cómo puedo soportarlo más?" En definitiva: "¿Cómo puedo perseverar?" ¡Pues ya sabes la respuesta!

Paso 1: Recibe cada prueba con una actitud gozosa: "Tener por sumo gozo". Si puedes afrontar y conquistar esta dificultad, ¡lo harás en el Espíritu Santo!

Paso 2: Ten presente el poder de Dios. Cuando tu prueba se ponga difícil y parece que te hundes más a cada paso, y que luchas, recuerda: "¿Hay para Dios alguna cosa difícil?" (Gn. 18:14). Y también la respuesta: "¡Oh Señor Jehová! he aquí que tú hiciste el cielo y la tierra con tu gran poder, y con tu brazo extendido, ni hay nada que sea difícil para ti" (Jer. 32:17).

Paso 3: Ora. La oración te mantiene con los ojos puestos en Dios, que ha prometido terminar la obra que ha comenzado. ¡Eso es maravilloso! Podemos estar "[persuadidas] de esto, que el que comenzó en [nosotras] la buena obra, [como por ejemplo, pedirte que atravieses una prueba] la perfeccionará" (Fil. 1:6). La oración también te permitirá poner los ojos en Jesús, el autor y consumador de tu fe (He. 12:2). Él soportó la cruz, y es imposible fijar los ojos en Dios y en Jesús sin experimentar la victoria de poder resistir la prueba.

Paso 4: Aquieta tu alma. Sométete. Deja que Dios obre en ti. Puedes seguir enojada rompiendo platos, golpeando cajones y puertas, y dando tumbos por la vida, o puedes detenerte, calmarte y preguntar a Dios: "Está bien, Señor. ¿Qué quieres? ¿Qué deseas enseñarme? ¿Qué quieres que haga, que piense, que diga, que yo sea?" Siéntate en quietud ante la presencia de Dios y permítele que responda, y que te ayude a perseverar en tu prueba hasta el final.

Paso 5: Céntrate en las promesas de Dios. Para empezar, toma muy en serio 1 Corintios 10:13, donde Dios promete que si tu prueba o situación se vuelve insoportable, Él proveerá una vía de escape para que puedas tolerarla. ¡Él no te pondrá una carga que no puedas soportar!

Querida lectora: "Mas tenga la paciencia su obra completa, para que seáis perfectos y cabales, sin que os falte cosa alguna" (Stg. 1:4). Y recuerda que los caminos de Dios no son nuestros caminos, y sus pensamientos no son nuestros pensamientos. Un poema anónimo resume bellamente estas ideas, y nuestro peregrinaje desde la infancia hasta la madurez:

> Cuando le pedí a Dios fortaleza para llegar muy lejos,
> me hizo débil para que aprendiera a obedecer con humildad.

Cuando le pedí ayuda para lograr cosas más grandes,
me dio enfermedad para conseguir cosas mejores.

Cuando le pedí riquezas para ser feliz,
me dio pobreza para ser sabio.

Cuando pedí el poder para ganar el favor de los hombres,
me dio debilidad para que sintiera la necesidad de Dios.

Pedí todo lo necesario para gozar de la vida,
y me fue dada la vida para disfrutar de todas las cosas.

No recibí nada de lo que pedí, pero tuve todo lo que esperaba.
Soy de todos los hombres el más bendecido.

Sección 4

Cómo ser una mujer fuerte

Cuando Dios responde a las oraciones de su pueblo, no les quita las presiones, sino aumenta su fortaleza para soportarlas.[1]

13

Fortalecerse en la gracia de Dios

Y me ha dicho [el Señor]: Bástate mi gracia;
porque mi poder se perfecciona en la debilidad.
Por tanto, de buena gana me gloriaré más bien en mis
debilidades, para que repose sobre mí el poder de Cristo.
2 Corintios 12:9

Estoy segura de que has oído acerca de Marvila [*Wonder Woman*] y Superchica [*Supergirl*]. ¿Qué niña pequeña —o grande— no las conoce? En realidad son un par de personajes muy dinámicos y un buen modelo. Muchas de nosotras crecimos con estas dos superheroínas como ejemplos. Intentamos, a menor escala, imitar su fortaleza y valor en nuestra vida cotidiana, que dista mucho de ser extraordinaria. Al igual que ellas, procuramos lograr lo imposible, solo que nuestro porcentaje de fracaso rebasa esos límites.

En cuanto a mí, prefiero ser "una mujer fuerte". Es decir, prefiero ser una mujer que a pesar de lo débil o limitada que pueda ser, está llena del poder de Dios, una mujer fortalecida por su glorioso poder, que trabaja y lucha según el poder de Dios que obra poderosamente en ella. Eso quiero, y necesito ser, en especial cuando vienen las pruebas.

Frente a las pruebas y tribulaciones

Hasta aquí hemos aprendido que las pruebas son parte de nuestra realidad cotidiana. Pero alabado sea Dios que podemos gozarnos en ellas. Además, sabemos que las pruebas de nuestra fe producen dos grandes cualidades: estabilidad y resistencia. También hemos aprendido que las pruebas traen madurez espiritual y personal, y una mayor capacidad para servir a Dios y a los demás. Entonces ¿por qué no valoramos siempre las pruebas? ¿Por qué no las recibimos con beneplácito? ¿Por qué no las acogemos? Para ser sincera, muchas veces las pruebas son dolorosas y frustrantes.

> *En lugar de cuestionar y exigirle una explicación a Dios, podemos buscar en Él la fortaleza, y perseverar hasta el final.*

Ahora veamos tres reacciones que buscan evitar las pruebas: evasión, racionalización, y huida.

Evasión. Con frecuencia estamos dispuestas a hacer casi cualquier cosa para evitar el sufrimiento de la prueba. Nadie *quiere* sufrir, ni padecer dificultades. Por eso nos esforzamos por *eludir* las pruebas. ¿Te acuerdas de Jonás? Así reaccionó él cuando Dios le mandó comunicar el mensaje de redención a los habitantes de Nínive. Él intentó escapar tomando la dirección contraria, lejos de Nínive (Jon. 1:1-3).

Pero ahora que sabemos que nuestra permanencia en la prueba nos perfecciona y madura, espero que cambie nuestra actitud ante ellas.

Racionalización. Cuando el camino se pone áspero y cuesta trabajo avanzar, es natural empezar a preguntar a Dios: "¿Por qué tenía que sucederme esto?" Job también cometió este error al tratar de explicar a sus amigos y a Dios por qué no era merecedor de ese sufrimiento (Job 29–31).

En lugar de cuestionar y exigir una explicación a Dios, podemos aceptar lo que nos sucede, conscientes de que es para nuestro bien, y pedirle a Dios su fortaleza para perseverar hasta el final.

Huida. Cuando sufrimos dolor, lo primero que queremos hacer es salir de esa condición lo más pronto posible. Esta reacción puede llevarnos a mentir, manipular, rendirnos, evitar el contacto con ciertas personas, o lo que sea necesario para eludir esa dolorosa experiencia. Abraham cometió este error cuando dejó la tierra que Dios le había prometido para viajar a Egipto durante una hambruna. ¿Y qué hizo él en Egipto? Mintió con respecto a su esposa y trató de manipular la situación para evitar las pruebas (Gn. 12:10-13).

En cambio, Cristo nuestro Salvador estuvo dispuesto a soportar el sufrimiento en la cruz y la separación de Dios. Nosotros también podemos soportar nuestras pruebas. Por la gracia de Dios y con su ayuda, podemos seguir la senda que Él trazó en medio de nuestros problemas y crecer en aquellos aspectos en los que Él sabe que fallamos.

¿Cómo debemos entonces responder frente a una prueba?

- *Gozarnos.* Esta es una elección, no una emoción. Podemos considerar cada prueba como otra oportunidad para asemejarnos más a Jesús, como una oportunidad más para glorificarle, y para crecer en nuestra fe y en nuestra confianza en Dios.

- *Creer.* Esta es también una decisión que tomamos. Nosotras elegimos pensar cuán maravillosa es la promesa de Dios de hacernos más fieles y estables después de finalizada la prueba.

- *Doblegarnos.* Hay una determinación más que podemos tomar. Podemos pensar: Señor, que se haga como tú quieres.[2] Haz tu voluntad en mi vida. Enséñame, hazme crecer, úsame.

Fortalecerse en la debilidad

Además de las enseñanzas de Santiago 1:2-4, hay otro pasaje al que me aferro cada vez que enfrento una prueba. Sin importar qué me sucede, qué enfrento, qué sufro o qué me quebranta, busco la fortaleza que me promete y me ofrece 2 Corintios 12:9. Cristo mismo es quien promete: "Bástate mi gracia; porque mi poder se perfecciona en la debilidad".

¡Vaya! ¿Quién no necesita esta clase de seguridad en medio de una prueba? Por más de 2.000 años esta promesa divina ha fortalecido a los creyentes para soportar todos los golpes de la vida o los ataques del mundo. El apóstol Pablo constituye un gran ejemplo de esta verdad.

Aunque Pablo era siervo de Dios, los creyentes de la iglesia de Corinto dudaron de su sinceridad y autenticidad apostólica. Por consiguiente, Pablo escribió para defenderse de sus opositores. En su defensa quiso decir: "Bueno, sólo hay una gran experiencia de la que puedo alardear si fuera necesario". En seguida, el apóstol describió una prodigiosa visión que Dios le concedió, cuando "fue arrebatado hasta el tercer cielo" (2 Co. 12:2). En efecto, se trataba de algo glorioso, pero Pablo explica que a raíz de esa experiencia sobrenatural él hubiera podido llenarse de orgullo o recibir alabanza. Por consiguiente, le fue dado "un aguijón en mi carne, un mensajero de Satanás que me abofetee, para que no me enaltezca sobremanera" (v. 7).

No sabemos con exactitud cuál era el aguijón en la carne de Pablo, pero es probable que fuera doloroso o molesto. ¿Qué hizo Pablo? Justo lo que debemos hacer nosotras: orar. Pidió a Dios tres veces que lo librara de ese problema desesperante, pero la respuesta de Dios a las oraciones de Pablo no fue librarlo de la presión, sino aumentar su fortaleza para soportarla.

¿Cómo terminó la historia de Pablo de sufrimiento y dolor? Él relata cómo el Señor le dio palabras de aliento para que permaneciera en su dificultad y perseverara en su servicio a Cristo y a la iglesia. Pablo escribe:

> Y me ha dicho [el Señor]: Bástate mi gracia; porque mi poder se perfecciona en la debilidad. Por tanto, de buena gana me gloriaré más bien en mis debilidades, para que repose sobre mí el poder de Cristo. Por lo cual, por amor a Cristo me gozo en las debilidades, en afrentas, en necesidades, en persecuciones, en angustias; porque cuando soy débil, entonces soy fuerte (2 Co. 12:9-10).

Pablo tenía un problema, un aguijón en su carne. Y cualquiera que este fuera, tanto lo lastimaba y molestaba que lo consideraba un verdadero "aguijón".[3] Se sentía como si estuviera incrustado en una lanza afilada. Además, la fuente de ese aguijón en su carne era Satanás. Sin embargo, Pablo sabía cómo mirar las dos caras de la moneda del sufrimiento y el dolor: Aunque por un lado veía la imagen de Satanás, veía por el otro la cara de Dios, la huella de Aquel que permitía la prueba, y que le prometía acompañarlo hasta el final.

¿Cuál era el propósito de la prueba de Pablo? Él lo repite dos veces: Fue enviada como protección contra el orgullo, que habría obrado en detrimento de su vida personal y ministerial, y de su relación con Dios.

Permanecer en el camino de Dios

A partir del pasaje de 2 Corintios 12:7-10 puedes aprender de inmediato algunas lecciones acerca de cómo soportar los problemas y seguir en la senda de Dios en medio de ellos.

Primero, que la gracia de Dios es *suficiente*, y basta por sí sola. Su gracia es todo lo que necesitas en cualquier prueba. Y no sólo es lo *único* que necesitas, sino un tesoro multiforme de donde puedes obtener todos los recursos necesarios para enfrentar cualquier circunstancia y reparar cualquier desastre en tu vida. Y está a tu alcance *cuando* la necesitas. Dios nunca tarda, pero tampoco vive con afán. Su gracia te llevará y te acompañará hasta el límite, hasta el punto máximo cuando estás al borde de la desesperación o la renuncia. A veces Él espera el momento de presión extrema, y de manera gloriosa interviene con la provisión necesaria en el momento preciso, conforme a sus promesas.

> *No tenemos por qué preocuparnos, ni dudar, ni tratar de comprobar si la gracia estará presente cuando afrontamos una dificultad. ¿Por qué? ¡Porque ya está ahí!*

Segundo, que *el poder de Dios mora en ti*. Su gracia es la fuente de tu poder. Por medio del poder de la gracia de Dios tú llegas a ser una mujer fuerte, que puede enfrentar, controlar y soportar cualquier suceso.

He aquí otra verdad: Dios te da tanto de su gracia maravillosa como tú requieres. Él la da en abundancia.

La mujer espiritualmente madura puede afrontar lo que sea, llevar la carga que sea, hacer más de lo que está acostumbrada a hacer, o hacer algo especial que Dios le pide. Un poeta anónimo escribió:

> Mi Señor nunca dijo que daría otra gracia
> sin acompañarla también con otra espina
> Esto poco importa, ya que para cada día
> recibo desde temprano la gracia suficiente.
>
> Y aunque el futuro me depare cruces más pesadas,
> sobra agobiar el presente con mis temores:
> sé que la gracia que es suficiente para hoy
> también lo será por toda mi existencia.[4]

En cuanto a la suficiencia y la gracia de Dios, no tenemos por qué preocuparnos, ni dudar, ni tratar de comprobar si estará presente cuando afrontamos una dificultad. ¿Por qué? ¡Porque ya está ahí! La gracia de Dios es todo lo que necesitas, será todo lo que puedas necesitar, y vendrá en la medida que requieras; será completa.

Recordemos la gracia de Dios

La gracia de Dios fue suficiente para Daniel en el foso de los leones, y para sus tres amigos en el horno de fuego (Dn. 6:16-22; 3:19-27). También lo fue para Ana cuando entregó a su único hijo, el pequeño Samuel, a Elí (1 S. 1:10-28). Igualmente para Sara y Elisabet cuando alcanzaron la vejez siendo estériles (Gn. 18:13; Lc. 1:36). También en el caso de Ester y Eunice, que vivieron con esposos incrédulos (Est. 1:19–2:17; 2 Ti. 1:5). Para Lea, que tuvo que soportar un matrimonio sin amor (Gn. 29:30). Y para Priscila, cuando tuvo que dejar su hogar junto con su esposo (Hch. 18:2). Para María, la madre de Jesús, cuando presenciaba la muerte de nuestro Mesías y Salvador (Jn. 19:23, 25).

Todos ellos encontraron en la gracia de Dios la fortaleza y el poder que necesitaban...

y tú también la encontrarás.

–Un paso adelante–

¿Qué dificultad afrontas ahora y te hace dudar?

En este preciso instante, estas son algunas de mis pruebas: animar y apoyar a un hermano que está bajo tratamiento contra el cáncer, cumplir con la entrega de un libro difícil y con una temporada de conferencias muy cargada, soportar la distancia que me separa de mis 11 hijos y nietos (que viven en la costa este, mientras que Jim y yo vivimos en la costa oeste de los Estados Unidos). Todas estas pruebas me exigen descansar en Dios y buscar en Él más de su gracia y de su fuerza.

Otros amigos y conocidos me han contado algunas de sus pruebas:

- Una mujer soltera que tiene su auto descompuesto.

- Una mujer profesional a quien le desagrada su empleo, donde además la maltratan.

- Una familia que se tambalea tras recibir una elevada e inesperada factura de impuestos.

- Una mujer anciana frente a una dolorosa y prolongada cirugía dental.

- Una esposa cuyo cónyuge se fracturó la pierna en un juego amistoso de voleibol. Su cirugía les hizo perder mucho dinero y mi amiga tendrá que excusarse de su trabajo para poder visitarlo en el hospital, e incluso servirle como enfermera en casa.

- Una joven esposa que anhela un hijo y ya va por su tercer aborto espontáneo.

- Una esposa con cuatro chiquitines y cuyo esposo trabaja lejos de casa durante meses seguidos.

- Una mujer cuyo esposo le pide el divorcio de manera inesperada.

- Una esposa que pidió oración porque su esposo desaparece de su vida después de 40 años de matrimonio, y se traslada a otro país.

Tu prueba —rectifico, tus pruebas— pueden ser diferentes, pero como ya sabes, vienen en todas las formas y tamaños. Sin embargo, Dios no. Él no cambia, y su gracia está siempre disponible para sus hijos cuando luchan con sus cargas.

Las promesas de Dios también son para ti. Su gracia es suficiente para ti, en tus circunstancias y dificultades particulares, e incluso cuando éstas cambian a lo largo del día. También, querida, su gracia estará siempre disponible y será siempre suficiente.

Toma un paso más adelante y adapta este magnífico versículo lleno de verdad y de promesa, para apropiarte de él: "Y me ha dicho: Bástate mi gracia; porque mi poder se perfecciona en la debilidad" (2 Co. 12:9). Sí, aunque fue el apóstol Pablo quien declaró esta poderosa promesa, brinda aliento a cada hijo de Dios, y también a ti. Así que no olvides usarla, repetirla y vivir confiada en ella.

El poder de Dios está a tu disposición en todas las pruebas, en la prolongada aflicción o incapacidad física, en la enfermedad o debilidad ineludible, en los cambios inalterables de la vida que debas afrontar. El poder de Dios es suficiente para fortalecerte en medio de cualquier prueba… cada minuto de cada día mientras sea necesario.

14

Apoyarse en el poder de Dios

Y [el Señor] me ha dicho: Bástate mi gracia;
porque mi poder se perfecciona en la debilidad.
Por tanto, de buena gana me gloriaré más bien en mis
debilidades, para que repose sobre mí el poder de Cristo.
2 Corintios 12:9

Una de mis pasiones es ser madre de mis dos hijas, de mis dos yernos, y ahora abuela de sus siete hijitos. De hecho, sería más preciso describir mi sentimiento como una pasión arrobadora. Para aprender a ser madre, he estudiado la Biblia y la he leído con voracidad en las últimas tres décadas. También he investigado y escrito mucho acerca de esta misión vital de ser madre cristiana, a fin de ayudar a otras madres que podrían necesitar ayuda, al igual que yo.[1]

En mi estudio he hallado una declaración que realmente me ha acompañado a través de los años: "La debilidad siempre atrae nuestra simpatía. Basta preguntar a una madre cuál de sus hijos ocupa más sus pensamientos y recibe su atención.

No es el más fuerte, el más capaz, el más independiente, sino el enfermo y débil quien está más cerca del corazón de su madre".[2]

Una ganancia mayor

Cuando medito en esto, no puedo evitar pensar en el amor de Dios por nosotros y su promesa en 2 Corintios 12:9: "Bástate mi gracia; porque mi poder se perfecciona en la debilidad". Dios no nos promete una vida libre de problemas. Más bien sostiene cerca de su corazón a los que sufren. Con inalterable misericordia, sus ojos y oídos están siempre atentos a las necesidades de sus amados hijos (1 P. 3:12). Con su generosidad eterna, Dios bendice a sus hijos débiles con los dones invaluables de su fortaleza y su poder.

Jesús habló así para infundirle seguridad a su fiel y doliente siervo Pablo. El apóstol fue uno de los más elocuentes predicadores, y aún así se debilitó en la aflicción y la dificultad. Después de orar con fervor porque le fuera quitado su "aguijón en la carne", Pablo recibió la respuesta de Dios. En vez de quitarle a Pablo aquello que le causaba dolor, nuestro Dios sabio y compasivo decidió darle algo mucho mejor que una salida fácil. Eligió dar a Pablo toda la fortaleza necesaria para *soportar* su agonía inmediata, y para perseverar hasta el final. Dios prometió a Pablo, como a nosotras, la fortaleza necesaria para poder soportar y vencer todo el sufrimiento, los tropiezos y las pruebas. Dios le impartió *su* poder a Pablo para fortalecerlo *en medio* de su sufrimiento.

Es evidente que Dios descartó una vida libre de problemas y sufrimientos para Pablo, y en su lugar le concedió la gracia suficiente para cada minuto y cada necesidad en su vida. En vez de enviar ayuda por otros medios, el Señor derramó sobre su siervo su gracia maravillosa. Pablo tendría algo mucho mejor que una mera existencia libre de preocupaciones: tendía todo lo necesario de parte de Dios para enfrentarlo todo y alcanzar la madurez espiritual. En su debilidad, Pablo contó con el poder de Dios para soportar, avanzar, y vencer. En vez de librar a Pablo de su problema, Cristo lo bendijo con gracia para sobrellevarlo.

¿Y cuál fue el resultado? Pablo obtuvo algo mucho más valioso que el alivio temporal de la prueba. Recibió el poder de Cristo. Como observa el teólogo Charles Ryrie: "Para Pablo era más importante contar con el poder de Cristo que ser librado del sufrimiento".[3]

Poner a trabajar la debilidad

Una característica interesante del poder de Dios es que se perfecciona en la debilidad. Vemos con asombro cómo el poder de Dios está presente cuando somos débiles, cuando sufrimos o estamos menesterosos. De hecho, su fortaleza se despliega con toda amplitud en la debilidad. Por cierto, la palabra "debilidad" que aparece en 2 Corintios 12:9 corresponde a "falta de fuerza". ¿Alguna vez te has sentido sin fuerzas, como si nunca las hubieras tenido? Bueno ¡tengo buenas noticias para ti! Tu falta de fuerza es precisamente lo que permite que el poder de Dios se manifieste plenamente en tu vida. Esto nos pone frente a una elección: ¿Quién prevalecerá? ¿"Él" o "yo"? ¿Descansaré en Dios y en su poder y gracia, o seguiré confiando en mis propios recursos y habilidades?

> *Dios no siempre actúa librando a sus hijos de las pruebas, sino dándoles la fortaleza para soportarlas.*

D. L. Moody, un destacado y reconocido predicador del pasado dijo: "En la ecuación divina, nosotros somos el factor de debilidad". Cuando enfrentamos pruebas y el cumplimiento del plan divino en nosotras, Él es quien trae toda la *fortaleza*, mientras nosotras aportamos la *debilidad*. Esta es necesaria para tomar consciencia de cuánto necesitamos su fortaleza. ¡Es nuestra *debilidad* la que hace manifiesta su *fortaleza*! Por lo tanto, cuando somos débiles somos verdaderamente fuertes, poderosas y capaces, pues la fortaleza de Dios se revela, se cumple y se perfecciona en toda su plenitud. Dicho en otras palabras, *el poder de Dios* alcanza el clímax o su punto máximo en *nuestra debilidad*. Todo lo que podemos soportar o manejar es gracias a Él. Resistir y vencer es solo posible por su gracia, su suficiencia, su fortaleza, su poder, que contrasta por completo con nuestra absoluta debilidad.

¿Cómo funciona esto en nuestro caso personal? Yo entendí que en mi relación con Dios yo soy la débil. Él es el poderoso, el Todopoderoso. Y mientras dure mi prueba, su gracia permanece. Mi fortaleza es lo que entra en conflicto con Dios, lo que oculta y opaca su obra; en cambio, mi debilidad está a su servicio, y permite que su poder resplandezca.

Dios no siempre actúa librando a sus hijos de las pruebas, sino dándoles la fortaleza para soportarlas. Deberíamos preferir esta condición que le permite a Dios revelarse, y a nosotras crecer fuertes en Él.

Usar la fortaleza divina en nuestro hogar

Como la mayoría de las mujeres, necesito echar mano de la gracia de Dios para mis ocupaciones diarias. Ya sabes, esas labores caseras y rutinarias que ocupan gran parte de mi vida. Por ejemplo, recuerdo cuando mis hijas, que solo se llevan 13 meses, eran pequeñas. Parecía que en cuatro años mi única ocupación fue disciplinarlas. Me levantaba y oraba para que no tuviera que disciplinarlas ese día: "Amado Señor, te pido que hoy, solo por hoy, tengamos un lindo día". Pero al final de la jornada sentía que no había disfrutado mi papel de madre, sino que era más bien un alguacil o árbitro que vigilaba a las niñas sin cesar, lanzando instrucciones y reprensiones: "¡No hagas eso!" "¡Deja de hacer aquello!" "¡Ve a tu habitación!" "¡Te voy a castigar!"

Todavía recuerdo que me repetía sin cesar: "Tengo que hacer esto ahora que son pequeñas. Esto es lo que hacen todas las madres con los niños de esta edad. Si no lo hago ahora, lo pagaré después". También fue la época en que sentía que la única palabra de mi vocabulario, todos los días, era "¡no!" Mis hijas pequeñas me decían *no*, y yo les decía *no* a ellas. Hasta llegué a decirles: "¡No, no vas a decirme *no*!" Parecía que mi única actividad diaria era disciplinar desde la mañana hasta la noche.

A decir verdad, no me gustaba entrenar a mis hijas y tampoco sabía cómo hacerlo. Me sentía incapaz, y en momentos de debilidad también quería darme por vencida. Pero Dios me enseñó por medio de su Palabra la importancia de mi fidelidad, así que dependí de su gracia, y Él me facultó para seguir adelante y permanecer fiel durante esos días difíciles.

También hay muchos otros deberes y responsabilidades que tenemos las mujeres, como las labores domésticas que no tienen fin, el desafío de cuidar a las personas de nuestro hogar –sean familiares, huéspedes, amigos, enfermos o agonizantes–. Nos levantamos a diario para atenderlos, y siempre están ahí. Ni que decir de preparar comidas, una tras otra, una y otra vez; poner más mesas, lavar más platos, limpiar más mostradores, tirar más basura. A veces, cuando pienso en la cocina siento ganas de gritar, porque siempre hay trabajo pendiente; siempre hay algo que recoger, algo que limpiar, algo que hacer para preparar la siguiente comida.

¿Cabe añadir algo sobre el lavado de ropa, una tarea que nunca se acaba? Recuerdo la anécdota que contó la escritora Elisabeth Elliot sobre su visita a su hija y sus ocho nietos. La señora Elliot preguntó a su hija: "¿Qué es lo menos grato de tener tantos niños?" Y ¿cuál fue su respuesta?: "Lavar la ropa. Es un trabajo que nunca termina, nunca está toda doblada, planchada, y nunca está en su sitio". ¡Bien dicho! (Y por cierto, fue la mejor pista para que la señora Elliot pudiera ayudar mejor a su hija durante su estadía. Ella lavó, dobló, planchó y recogió la ropa mientras estuvo donde su hija).

¿Crees que cumplir con todos los deberes cotidianos de cuidar a tu familia y tu hogar es algo que precisa de la gracia de Dios? ¡Por supuesto! Es la tarea que Él nos ha encomendado, y sí, aunque tiene sus recompensas, es agotador, y en ocasiones desalentador y casi imposible. Alabado sea Dios que su gracia nos sostiene cuando sentimos el agotamiento, el afán y el desaliento en el cumplimiento de nuestras tareas mundanas.

Los múltiples y variados retos de la vida

El poder y la gracia de Dios son suficientes para afrontar todas las crisis inesperadas y los retos de la vida. En lo personal, mi familia ha soportado un tifón, un terremoto de 6.8, el ataque terrorista en el World Trade Center el 11 de septiembre de 2001, un huracán, un incendio en la casa, muchas tormentas de hielo, y muchos apagones prolongados. Y ¿qué de ti? ¿Te ha sucedido algo similar? El teléfono suena, y es el médico para comunicarte los temibles resultados de los exámenes (y tú pensaste que era solo un chequeo "rutinario"). O tal vez uno de tus padres ya anciano te llama para contarte malas noticias de su salud. O te llaman de un hospital donde recibieron a uno de

> *La fortaleza de Dios te permite perseverar, permanecer, resistir, trabajar, ayudar a otros y culminar toda obra.*

tus padres por una emergencia médica. O es la policía para avistarte que un ser querido sufrió un accidente. O tu vecino te llama para pedir ayuda para un problema que tiene, o que llames a la policía o una ambulancia. Alabado sea Dios que su fortaleza y su poder están a nuestro alcance durante estas crisis y desastres.

El poder de Dios está a tu disposición en todas las pruebas, en la prolongada aflicción o incapacidad física, en la enfermedad o debilidad ineludible, en los cambios inalterables de la vida que debas afrontar. El poder de Dios es suficiente para fortalecerte en medio de cualquier prueba... cada minuto de cada día mientras sea necesario.

La gracia de Dios también es suficiente para afrontar los sucesos fugaces, que van y vienen. El poder está a tu alcance cuando lo necesitas, tantas veces como lo necesites, y por el tiempo que lo necesites. La fortaleza está a tu disposición para terminar todo lo que has emprendido. Dios toma tus debilidades e incapacidades y te da a cambio su poder inagotable. Su fortaleza te permite perseverar, permanecer, resistir, trabajar, ayudar a otros y culminar toda obra.

El asombroso poder de Dios que creó el universo también es suficiente y está en tus manos para empezar de nuevo. A veces Dios nos saca de nuestra cotidianidad para volver a comenzar en una nueva casa, una nueva iglesia, una nueva ciudad o país, un nuevo vecindario, donde nuestros hijos tienen que volver a empezar en una escuela diferente, o nosotros en un nuevo trabajo, o en un nuevo matrimonio. O vivimos un nuevo comienzo después de una larga enfermedad o recuperación. Frente a un futuro incierto que trae retos desconocidos y tantas incertidumbres, podemos confiar en nuestro Dios inmutable, y en todo su poder y su fuerza. No importa cuán miedosas seamos, o cuán tristes estemos, o cuántos sean nuestros temores, o cuán quebrantadas de corazón estemos, Dios está ahí para darnos la fortaleza hasta el final. Él nos dará su fuerza, pues lo ha prometido y lo cumplirá. Siempre lo hará.

–Un paso adelante–

¿Sabes en qué se resume la clave para ser una mujer fuerte? Es lo que yo llamo el descubrimiento del "Yo–Él". Él es fuerte y suficiente, y yo no. Así que estoy frente a una decisión: puedo descansar y depender de Él, para recibir su gracia que es suficiente y poderosa, o puedo confiar y depender de mí misma, lo cual es sin duda la fórmula perdedora. Lo mismo es cierto para ti. Cualesquiera que sean los retos o crisis en tu vida, las tentaciones o imposibilidades que enfrentes, las presiones físicas y emocionales que te opriman, recuerda: la gracia y el poder de Dios son suficientes. Esta verdad gloriosa, maravillosa y prodigiosa no puede expresarse con mayor sencillez, optimismo y poder: ¡Dios te da su gracia y poder!

¿Cómo puedes entonces ponerlo en práctica en tu propia vida? ¿Cómo puedes echar mano del poder de Dios en tus batallas y luchas cotidianas?

Paso 1: Memoriza 2 Corintios 12:9: "Y me ha dicho: Bástate mi gracia; porque mi poder se perfecciona en la debilidad. Por tanto, de buena gana me gloriaré más bien en mis debilidades, para que repose sobre mí el poder de Cristo". Dios es poderoso. Su gracia es poderosa, y su Palabra es también más cortante que toda espada de dos filos (He. 4:12). Una vez que te apropies de 2 Corintios 12:9, que lo atesores en tu corazón, y sea parte de tu arsenal, puedes afrontar lo que sea diciendo: "Dios, recuerda lo que has dicho, que tu gracia es suficiente, y que tu poder se perfecciona en mi debilidad. Sea lo que sea, venga lo que venga, pase lo que pase, me depare lo que me depare, y tarde lo que tarde, tú me das tu gracia. Tú me sacarás al otro lado".

Conocer y usar esta verdad te ayudará a enfrentar las dificultades con pensamientos bíblicos. Sin importar lo que te suceda o lo que enfrentes, debes darte cuenta de que no es insoportable, ni un desastre absoluto. No es el fin, no es imposible, no sobrepasa tu capacidad. ¿Por qué? Por la gracia y la fortaleza de Dios. Esta verdad constituye una espada que puedes usar para luchar contra la depresión, el desaliento, la ansiedad y el temor. Es un bálsamo cuando sufres dolor, cuando estás afligida, o cuando padeces por una injusticia.

Paso 2: Comprende que es una promesa. Cuando nuestras hijas eran pequeñas, Jim colaboró con un ministerio cristiano y recibió en agradecimiento un pequeño baúl donde guardar versículos para memorizar en forma de una hogaza de pan. Venía con tarjetas de muchos colores que contenían versículos con promesas. Lo pusimos sobre la mesa donde desayunábamos, y cada mañana uno de nosotros sacaba de la pequeña hogaza de pan una promesa de Dios para leerla en voz alta. Ahora imagina que eres tú quien toma esa hogaza y descubres que cada tarjeta tiene escrita la promesa de 2 Corintios 12:9, y que cada día de tu vida tienes presente que en efecto la gracia de Dios es suficiente para ti. Ahora, no te conformes con imaginarlo. Acéptalo. Es verdad. Es real. ¡Vívelo!

Paso 3: Entiende que la gracia de Dios es una realidad. Él dice que su gracia es suficiente. Por consiguiente, lo es, y puedes contar con eso. Esta promesa no es acerca de ti, sino acerca de Él. Aunque sabemos que somos débiles, podemos aferrarnos a la promesa de su fortaleza para salir adelante.

Paso 4: Comprende la verdad de que la gracia sublime de Dios está presente cuando parece que ya nada queda. Cuando no queda más esperanza, esta verdad es tu esperanza. Su gracia está contigo y es más que suficiente. ¡No hay mayor poder a tu alcance en este mundo! ¡Puedes contar con eso!

En la ecuación divina, nosotros somos el factor de debilidad.[1]

D.L. Moody

15

Recurrir al poder de Dios

Y me ha dicho: Bástate mi gracia;
porque mi poder se perfecciona en la debilidad.
Por tanto, de buena gana me gloriaré más bien en mis debilidades, para que repose sobre mí el poder de Cristo.
Por lo cual, por amor a Cristo me gozo en las debilidades, en afrentas, en necesidades, en persecuciones, en angustias;
porque cuando soy débil, entonces soy fuerte.
2 Corintios 12:9-10

Una de las ventajas de haber pertenecido al coro de la iglesia durante años fue ver a los asistentes de los dos cultos dominicales. Yo siempre me fijaba en Mary, la esposa de uno de mis pastores. Siempre que pienso en el concepto bíblico del poder de Cristo que "reposa" sobre alguien y es tan evidente que otros pueden notarlo, pienso en Mary. Desde que supe que su esposo sufría un cáncer terminal, vi cada domingo a esta pareja doliente sentarse en la primera fila de la iglesia.

Me resulta difícil describir la huella que han dejado en mí estas vidas radiantes. Tuve más oportunidades de acercarme a Mary que a su esposo, así que fui testigo de primera mano de la fortaleza de Dios en la vida de ella. Pude ver cómo soportó los exámenes, tratamientos y hospitalizaciones de su amado, y cómo afrontó su dolor crónico que cada vez era mayor. Con fidelidad y valentía permaneció a su lado, y sé que siguió haciéndolo cuando se mudaron para estar más cerca de uno de sus hijos y de la famila de su esposo donde pasó sus últimos días.

Mientras estuvieron en la iglesia pude admirar a Mary, y me preguntaba *¿Cómo puede lograrlo? ¿Cómo puede manejar esta situación? ¿Cómo puede soportarla? ¿Cómo puede vivir con esto?* Con todo, allí estaba cada semana, con semblante gozoso, perseverante en su ministerio, fiel en todos sus compromisos diarios, sirviendo a los demás. Su actitud ante las enfermedades que Dios envió era un testimonio evidente de la gloria y el poder de Cristo. Todos fueron testigos de cómo el poder de Cristo "reposaba" o moraba en ella (2 Co. 12:9). ¿Cómo pudo lograrlo? Una de las cosas que hizo Mary —y que tú y yo también debemos hacer— fue reconocer sus pruebas.

Reconocer tus pruebas

Unos capítulos atrás estudiamos algunas de las actitudes con que los cristianos reaccionamos para evitar los problemas. Bueno, eso no fue lo que hizo Mary. Ella no negó su problema, no buscó la salida, ni eludió su situación. En cambio, buscó la manera de afrontarla. Reconoció abiertamente las pruebas que ella y su esposo atravesaban y fue pronta en pedir oración. También permitió que otros la apoyaran y ayudaran de diversas maneras.

Aprendamos del ejemplo de Mary. Ahora que empezamos este nuevo capítulo acerca de cómo ser una mujer fuerte —una mujer de fortaleza y poder— te pido que nombres la situación exasperante, imposible o insoportable que enfrentas en este momento. Ya sabes, aquello que más ocupa tu mente, que suscita el mayor dolor, angustia, preocupación o pena; aquello que más te molesta. Podrías decir que es el "agujero en tu cubeta" que necesitas llenar con el gozo, la paz y el poder de Dios. Es un asunto que está presente de continuo, y sientes como si tu energía se escapara siempre por ese agujero. Cada vez que piensas en tu prueba, o que la enfrentas de nuevo, vuelve y mina tu gozo, tu paz, tu contentamiento.

> *El poder de las verdades de la gracia y el poder de Dios desvanece mi dificultad cuando se enfoca la luz sobre la abundante gracia y la fortaleza de Dios, y no sobre el problema.*

Hace poco hice un ejercicio semejante, e identifiqué dos asuntos. El primero es el deterioro físico de un ser querido. Y a menos que Dios obre un milagro, esto no va a mejorar ni a desaparecer. Cada día que me levanto, esta situación es lo primero que debo enfrentar en mi espíritu, en mi mente, en mis emociones, y en mis oraciones. Cuando me encuentro cara a cara con esta prueba, obtengo fortaleza si la manejo a diario de acuerdo con 2 Corintios 12:9: "Y [Jesús] me ha dicho: Bástate mi gracia; porque mi poder se perfecciona en la debilidad".

Me asombra que con solo decir o recordar "Bástate mi gracia", me tranquilizo. Aunque son apenas tres palabras de la inmensa Biblia, son tan poderosas que en un segundo cambian *mi* visión de la realidad, cualquiera que sea. La realidad no cambia, pero el poder de esta verdad acerca de la gracia y el poder de Dios desvanece mi dificultad cuando se enfoca la luz sobre la abundante gracia y la fortaleza de Dios, y no sobre el problema. Recordar la verdad cambia *mi* perspectiva de la situación.

Mi segunda prueba diaria tiene que ver con una relación. Se trata de una persona que tengo que ver varias veces a la semana. Cuando la veo, pienso en los sentimientos que acompañan el tener que revivir asuntos y encuentros difíciles del pasado. Y para este reto me fortalezco en la promesa de que la gracia de Dios es —y será— suficiente para mí. Y vuelvo a la calma. Sobra decir o hacer más. De nuevo, esas tres palabras me cambian a mí, y esa relación.

Medita en esto: ¿Qué se requiere para sonreír, ser amable y bondadosa, mostrarte agradable y generosa en una relación tensa? La gracia de Dios. Y su gracia está siempre ahí, y es siempre suficiente para nosotras cuando afrontamos dificultades… y gente difícil también.

He aquí *una verdad maravillosa*: Sin importar qué situación o persona es tu problema, obtendrás la fortaleza, el poder, la fuerza, la sabiduría y la gracia de Dios para enfrentarla, soportar, y triunfar. Dios lo prometió. ¡Lo lograrás! Podrás manejarlo. Podrás aceptarlo tal como viene. Podrás superarlo. Tendrás la victoria. ¿Por qué? Porque *Dios*, y no tú, suple toda la gracia necesaria.

Así que ahora te pregunto: ¿Habrá alguna prueba o situación en tu vida que no cuente con la gracia suficiente de Dios? La respuesta es no, ninguna, en absoluto. Su gracia es suficiente, y nunca falla. Su gracia fue la fuente de la fortaleza de mi querida amiga Mary, y será la tuya también.

Responder a la gracia de Dios

Después de reconocer nuestra prueba y que la gracia de Dios es suficiente, el siguiente paso es responder a la gracia y el poder de Dios. ¿Qué podemos hacer aparte de maravillarnos, adorar, dar gracias y alabar a Dios? El apóstol Pablo nos dice cuál fue su respuesta. Él declaró valiente y jubiloso: "Por tanto, de buena gana me gloriaré más bien en mis debilidades, para que repose sobre mí el poder de Cristo" (2 Co. 12:9). En medio de la paradoja de su debilidad y de la fortaleza de Dios, Pablo aceptó y recibió con corazón dispuesto la negativa de Dios a su oración de apartar de él su "aguijón en la carne". Sin reservas y con corazón sincero creyó que la voluntad de Dios era lo mejor para Él, y que la gracia de Dios era en efecto suficiente para ayudarle a sobrellevar su carga.

Pablo no solo se sometió a Dios y a su enfermedad, sino que lo hizo hasta el punto de gloriarse y hacer alarde de su debilidad. ¡Pablo se glorió en su debilidad! ¿Por qué? Porque en su debilidad y a través de ella, Cristo podía obrar poderosamente en Él. El pleno poder de Cristo que obraba por medio de él, que era una vasija frágil, sería un espectáculo grandioso. Pablo era un hombre sabio, un erudito, educado al más alto nivel, un eminente abogado y maestro que había recibido la bendición de su notable herencia y su estirpe judía. Con todo, su debilidad lo revistió de un poder superior en su vida y testimonio: el poder de Cristo en acción.

¿Cuáles son las respuestas correctas ante las pruebas? ¡Gloriarse en ellas! ¡Gloriarse en la protección de Cristo y en su fortaleza!

El poder sobrenatural y espectacular de Dios en acción no solo se manifestó por medio de la enfermedad de Pablo, sino que también lo "consagró". "Reposó" en él, "hizo morada" en él, y funcionó como su "refugio". Hizo palidecer toda debilidad y dolencia de Pablo, posibilitando que su trabajo y sus obras fueran eficaces al cien por cien a pesar de su limitación.

¿Cuál es la respuesta correcta que demuestra Pablo frente a pruebas constantes?

¡*Gloriarse en ellas*! Que tus dolencias se vuelvan tu gozo y tu orgullo, aquello de lo que haces alarde y te glorías. Gózate y alégrate en ellas. Este es un reto que puede requerir un gran cambio de actitud, porque esta reacción está lejos de ser nuestra respuesta natural a las pruebas y el sufrimiento.

¡*Gloriarse en la protección de Cristo*! Pablo dice que tú puedes glorificarte y alegrarte en tus poco gloriosas dolencias porque el poder de Cristo reposa en ti. Este bello concepto de "reposar" equivale a la idea de morar o habitar en una tienda. En otras palabras, Dios viene y extiende su tienda sobre ti. Piensa en esto: Cristo mora en ti y te consagra y cubre. Él viene a morar en ti, y cubre por completo tu dolencia como lo haría un tabernáculo, una tienda. Conocerás la presencia y la fuerza de Dios, y otros también reconocerán que Dios es quien te da la fuerza y la capacidad. La fortaleza que Él te imparte en tu debilidad da testimonio de que Él es quien te fortalece.

¡*Gloriarse en la fortaleza de Cristo*! Es asombroso ver que cuando tenemos limitaciones impuestas nos inclinamos a hacer el mejor trabajo para el Señor. Es en esa condición —en debilidad— que más dependemos de Él. Y ese es un motivo para gloriarse. La debilidad misma de nuestra naturaleza es el prerrequisito —inestimable y precioso— para que Dios manifieste su fortaleza. En tu falta de fuerza radica tu fortaleza para aferrarte a Dios. Así que, como dijo Pablo, "gloríate" en tus dolencias, porque el poder de Cristo reposa sobre ti.

Ver la fortaleza divina en otros

Muchos personajes bíblicos ilustran la misma resolución de Pablo cuando declaró:

Por lo cual, por amor a Cristo me gozo en las debilidades, en afrentas, en necesidades, en persecuciones, en angustias; porque cuando soy débil, entonces soy fuerte

(2 CORINTIOS 12:10).

A continuación presento algunos que pueden servirte de inspiración:

Sansón. Aunque es una bendición contar con una gran capacidad física, puede impedirnos desarrollar la dependencia de Dios. La historia de Sansón, en el Antiguo Testamento (Jue. 13-16) es un ejemplo perfecto de alguien que intentó vivir en sus propias fuerzas. Dios le dio a Sansón una fuerza extraordinaria y una gran capacidad de liderazgo. Con estas capacidades debía guiar a la nación de Israel. Pero Sansón desperdició y malgastó este poder en placeres personales y egoístas que al final abrieron la puerta para que sus enemigos descubrieran el secreto de su fuerza: su larga cabellera. Entonces los enemigos de Dios le cortaron el cabello, le sacaron los ojos, y lo encadenaron en una prisión.

En determinado momento, exhibieron a Sansón para demostrar la superior fuerza de los dioses de sus enemigos frente al Dios de los israelitas. Sansón, en un último esfuerzo, ciego y en un estado de absoluta debilidad e indefensión, pidió a Dios que lo fortaleciera una última vez. Él oró: "Señor Jehová, acuérdate ahora de mí, y fortaléceme, te ruego, solamente esta vez, oh Dios, para que de una vez tome venganza de los filisteos por mis dos ojos... Muera yo con los filisteos" (Jue. 16:28).

Y Dios respondió. Sansón derribó las columnas que sostenían el templo pagano donde se reunían los burladores de Dios. Este fue el desenlace de la manifestación del poder de

Dios en la debilidad de Sansón: "Y los que mató al morir fueron muchos más que los que había matado durante su vida" (Jue. 16:30). En su debilidad Sansón fue hecho fuerte.

Eliseo. La mayoría de los grandes líderes comienzan su carrera como humildes seguidores. Eliseo era un agricultor que sembraba un campo cuando el poderoso profeta de Dios, Elías, vino a su encuentro y le ordenó seguirle (1 R. 19:16—2 R. 13:20). Durante muchos años, Eliseo viajó en calidad de siervo del gran profeta Elías. En el tiempo señalado por Dios, Elías fue llevado al cielo, y Eliseo recibió el cargo de poderoso profeta de Dios y vocero ante los israelitas. Las Escrituras relatan que después de haber esperado y servido, Eliseo realizó el doble de milagros de su mentor. En su debilidad, Eliseo fue hecho fuerte.

Esteban. La iglesia primitiva tenía un problema muy positivo: miles de personas venían a Cristo. Era evidente y comprensible que los líderes de la iglesia necesitaban estudiar la Palabra de Dios y orar a fin de guiar adecuadamente a esta iglesia que crecía con tanta rapidez. Cuando las necesidades de tantas viudas quedaron en manos de los líderes, ellos pidieron que se eligieran hombres sabios y piadosos que administraran alimentos a los pobres, a los menesterosos y a las viudas. Esteban fue uno de los elegidos para servir a los demás (Hch. 6:1-6). Más adelante, Dios tomó a este humilde siervo, cuyo trabajo consistía en "servir a las mesas", y lo llenó de poder para hacer "grandes prodigios y señales entre el pueblo" (v. 8). Al final, Esteban quedó indefenso y débil ante sus perseguidores. Fue lleno del Espíritu Santo, que lo facultó y fortaleció con una visión de Jesús. Mientras era apedreado hasta morir, Esteban fue fortalecido por Dios. Clamó a Dios diciendo: "Señor Jesús, recibe mi espíritu… Señor, no les tomes en cuenta este pecado" (Hch. 7:59-60). En su debilidad, Esteban fue hecho fuerte.

¿Quisieras ser como uno de estos siervos de Dios que encontraron su fortaleza en Él? Avanza un paso, o quizás dos, o tres.

–Un paso adelante–

Estoy segura de que conoces personas que atraviesan pruebas insoportables. ¿Te preguntas como yo en el caso de Mary, *cómo es posible que puedan soportar semejantes problemas tan horribles*? Bueno, ya sabemos que una situación que parece imposible es justo lo que Dios puede usar para glorificarse y brillar en toda su majestad. Por medio de nuestras debilidades, Dios puede recibir toda la honra por su obra en nuestra vida. Sin su poder y auxilio sería imposible soportar experiencias extremas conforme al ejemplo de Cristo.

Me encanta la verdad de la fortaleza de Dios en nuestra debilidad porque significa que en Él, y por Él, tú y yo podemos avanzar con valentía y permanecer en nuestras pruebas, ¡y vencerlas todas! En la mayoría de las pruebas hay un vencedor y una victoria. Alguien gana. Por lo general, no sabemos con anterioridad quién será el ganador, solo sabemos el resultado al final de la batalla. Sin embargo, como hija de Dios afrontas cada situación y cada batalla de la vida, consciente de que, de antemano y por la gracia de Dios, vencerás y saldrás triunfante. Nunca vivirás una experiencia en la cual el poder de Dios no te capacite y su gracia no te acompañe.

¡Este descubrimiento es transformador! Solo piensa: No hay nada que pueda venir a tu vida y que tú no puedas manejar. No existe una prueba que venga a tu vida y que tú no puedas manejar con la ayuda de Dios. La fortaleza y el poder de Dios estarán ahí cuando los necesites. Entonces ¡sé valiente!

Cree firmemente en la gracia y el poder de Dios.

Afronta con valentía tus pruebas.

Prepárate con valor para la victoria suprema: la manifestación de la fortaleza de Dios en medio de tu debilidad.

Dios sabe cómo equilibrar cargas y bendiciones, penalidades y gloria.[1]

WARREN WIERSBE

16

Convertirse en una obra de arte

Por lo cual, por amor a Cristo me gozo en las debilidades, en afrentas, en necesidades, en persecuciones, en angustias; porque cuando soy débil, entonces soy fuerte.
2 Corintios 12:10

Mi madre creció en una época en la cual las niñas recibían clases de costura y bordado. Como podrás imaginar, yo también aprendí a bordar y coser. En algún momento de mi vida matrimonial decidí bordar un paisaje grande. Era un proyecto inmenso y complicado que requirió varios años, durante los cuales lo llevé conmigo a todas partes. Incluso lo llevé a un viaje a Israel para pasar las prolongadas horas de vuelos, transportes en bus y las largas esperas entre los diferentes puntos de interés.

Cuando me veían bordar, muchos pasajeros y compañeros de viaje se acercaban y movían la cabeza. Algunos se detenían a preguntar qué bordaba, y lo preguntaban porque lo único que podían ver era el revés de mis costuras, una maraña de hilos de colores sin forma ni patrón aparente. Solamente cuando yo volteaba el bordado podían ver la belleza y la clara imagen del paisaje. Solo entonces podían comprender el cuadro e incluso admirar aquello que yo intentaba lograr: una obra de arte.

La manera como Dios usa las pruebas y las dificultades en nuestra vida es similar a mis bordados. Vemos nuestras pruebas desde "el revés", el lado humano y terrenal. Lo único que vemos es una masa de pruebas desafortunadas y tragedias, muchas veces horribles, confusas y perturbadoras. No obstante, lo que Dios quiere hacernos entender es que Él está realizando una obra de arte. Sus planes y sus caminos pueden ser a veces atractivos y en ocasiones dolorosos, pero los resultados finales son personas revestidas de hermosura, fortaleza y gracia.

Cómo entender el proceso de Dios

El proceso que Dios usa para madurarnos y transformarnos en obras maestras, es difícil de comprender. Si fuera por nosotras, seguramente el crecimiento espiritual ocurriría con métodos rápidos, mágicos e indoloros. Preferiríamos mover una varita mágica y *¡listo!*, ya seríamos perfectas, al instante. Pero esa no es la manera como Dios elige obrar en nosotras.

El apóstol Pablo nunca consideró el crecimiento espiritual como un proceso fácil. Sin embargo, sí le tomó cierto tiempo (¡tres momentos de oración!) comprender que había recibido su "aguijón en la carne" (2 Co. 12:7) para madurarlo hasta que él comprendiera que su debilidad hacía manifiesto el poder de Cristo en él. Tan pronto como Pablo comprendió que el "poder [de Dios] se perfecciona en la debilidad" (v. 9), se rindió por completo al método que Dios usó para obrar en él. De hecho, se dispuso tanto que llegó a gloriarse y gozarse en su debilidad, y aceptó adversidades de toda clase. En términos actuales, Pablo dijo: "¡Adelante! Envíame cualquier clase de prueba y debilidad". Él escribió: "por amor a Cristo me gozo en las debilidades, en afrentas, en necesidades, en persecuciones, en angustias; porque cuando soy débil, entonces soy fuerte" (v. 10).

Perfección mediante las debilidades

Pablo enumeró varias situaciones y dificultades en las que "se goza" porque le daban lugar a Dios para obrar en su vida y en la vida de otros. Pablo menciona primero las "debilidades" físicas (RVR–60), que otras versiones traducen "humillaciones" o "flaquezas". Estos términos hacen referencia, en sentido literal, a la falta de fuerzas, y señalan la incapacidad para producir resultados.

Yo también he sufrido falta de fortaleza física, y tal vez tú también. Todas hemos llegado al agotamiento en determinado momento de la vida. Durante un año entero yo sufrí de anemia. Los primeros seis meses no lo supe, y solo me preguntaba *qué tenía, porque percibía mi falta de energía*. Al fin me diagnosticaron anemia y me sometí a un tratamiento. Créeme que sé lo que se siente perder por completo las fuerzas, padecer debilidad.

> *Yo era un vaso frágil que pudo brillar más por el glorioso poder y la gracia de Dios.*

También sé lo que significa experimentar el poder de Dios en mi debilidad. De acuerdo con su plan, me quitó parte de mi fuerza física. Esto me impuso un ritmo mucho más lento y menos activo, que me llevó a invertir mi tiempo en escribir, y que a su vez culminó en la publicación de mi libro *Una mujer conforme al corazón de Dios*®, que ha vendido cerca de un millón de copias y que ha ayudado a muchas mujeres aquí en los Estados Unidos y en muchos otros países.[2] (Dios en verdad ha bendecido mis escritos cuando he comunicado su sabiduría divina). No solo pude superar mi crisis personal de energía, sino que Dios me fortaleció grandemente para ser usada por Él más allá de lo que hubiera soñado jamás.

Tal vez el mayor cansancio y debilidad que he experimentado (independiente de un quebranto de salud) fue cuando hice los preparativos de organizar nuestra casa, nuestros bienes y nuestra familia para viajar al campo misionero. En cuanto a las cosas que teníamos, tuvimos que vender, empacar, almacenar, enviar, trasladar unas y otras. Además, tuvimos que asistir a varias fiestas de despedida, diligenciar pasaportes, sacar fotografías, aplicarnos vacunas y hacer chequeos médicos, obtener certificados de nacimiento y de matrimonio, calificaciones escolares de nuestras hijas, y actualizar nuestro seguro de vida y salud. Todo lo que tuve que hacer durante meses requirió un gran esfuerzo físico, y la gracia maravillosa de Dios me permitió lograrlo.

¡Pero la obra de Dios en mi vida aún no había terminado! Poco sabía yo que Dios buscaba algo más que ayudarme a "sobrellevar" la prueba. ¡Me estaba ayudando a crecer! Me acondicionó en la maratón de preparativos para perfeccionarme para un ministerio mayor al otro lado del mundo, en Singapur. Yo llegué al punto de poder sostener un ministerio arriesgado, de máxima exigencia y de gran crecimiento con mujeres singapurenses, además de cuidar de mi esposo y de mi familia en un país extranjero.

Dios confirmó que me fortalecería, me daría la capacidad y la fuerza en cada situación, especialmente en aquello que me debilitaba. Yo era un vaso frágil que pudo brillar más por su glorioso poder y su gracia. Pude saborear una mínima parte de lo que experimentaron el apóstol Pablo y Juan Wesley: el poder de Dios. Se dice que Wesley, el fundador del metodismo, predicó 42.000 sermones, viajó más de 7.000 kilómetros anuales, se desplazó a caballo (principalmente) entre 96 y 112 kilómetros diarios, y predicó un promedio de tres sermones diarios. A los 83 años él escribió: "Yo mismo me maravillo de lo que soy. Nunca me siento cansado, ni predicando, ni escribiendo, ni viajando". Mi ministerio femenil está lejos de ser tan exigente, pero me siento identificada con el sentir y el asombro de experimentar la fuerza y el poder que Dios da.

Estoy segura de que tú también has sentido debilidad o cansancio por enfermedad, agotamiento físico, o por dificultades. Estoy segura de que como hija de Dios, Él en su fidelidad te ha dado su fuerza multiforme para crear en ti una obra hermosa. Cualquiera que sea tu dolencia, confía en esto: Cuando eres débil entonces eres fuerte, porque Cristo manifiesta su fortaleza en tu debilidad. Cuenta con eso, alégrate, maravíllate y gózate.

Perfección mediante las afrentas

Lo que sigue en la lista de penalidades y pruebas de Pablo en 2 Corintios 12:10 son las "afrentas", que pueden incluir insultos, perjuicio, daño físico y dolor. El daño puede venir en forma de insultos o maltratos. A mayor escala, puede incluso llegar al sufrimiento y la tortura.

Al leer las biografías de grandes cristianos y mártires, las mujeres de mi club de lectura aprendieron acerca de las muchas "afrentas" que soportaron. Nada podían hacer estos mártires por Cristo para evitar o escapar al sufrimiento de sus atormentadores. Sin embargo, también aprendimos acerca de la gracia, del poder y de la fuerza que esos creyentes recibieron de Dios para soportar el maltrato. El poder de Cristo "reposó" sobre ellos (2 Co. 12:9) y los cubrió como un tabernáculo (o tienda).

También constituye una afrenta que un amigo nos abandone, o ser objeto del escarnio público premeditado, o hacer frente a una multitud enfurecida, o lidiar con un juez injusto en un proceso legal. (Es indiscutible que Pablo mismo, quien escribió estas palabras y esta lista, tuvo que experimentar todo esto en cierta medida). Podemos dar gracias al Señor porque Él "sabe cómo equilibrar cargas y bendiciones, penalidades y gloria".[3]

Perfección mediante las necesidades

En 2 Corintios 12:10 Pablo prosigue mencionando "necesidades". Esto incluye angustia y dolor, necesidades y privaciones. Podríamos decir que es cuando hay insuficiencia; cuando no hay suficiente alimento, dinero o tiempo.

En cierto momento de mi vida yo sentí como si no tuviera suficiente esposo, porque Jim asistía al seminario y tenía cuatro empleos. Por otro lado, nuestros vecinos eran una familia cuyo esposo y padre trabajaba para la compañía de gasolina a tres cuadras de la casa, y que iba y volvía del trabajo en bicicleta. Ese hombre salía a trabajar a las 7:55 de la mañana y regresaba a casa a las 5:05 de la tarde. Eso le daba tres o cuatro horas diarias para pasarlas con su esposa y sus hijos, pintar la casa, podar el césped, sembrar y cuidar su huerto, y fabricar artefactos en su taller de carpintería. En cambio, mi esposo salía a las 4:30 de la mañana y regresaba a casa hacia la media noche. De ahí que no teníamos mucho tiempo para estar juntos como familia, se caía la pintura de las paredes, el césped estaba sin podar, y muchos otros oficios "masculinos" estaban pendientes por toda la casa. Pero ante todo, yo me sentía privada de mi esposo. ¡No tenía suficiente esposo en mi vida!

Recuerdo que alguna vez leí sobre Ruth Graham y cómo en una ocasión su esposo, Billy, viajó durante diez meses del año. En su libro de poesía *Sitting by My Laughing Fire*, Ruth escribió acerca de "el cierre de la puerta" y de cuánto tiempo podía transcurrir antes de que se abriera de nuevo la puerta para recibir a su esposo, al fin en casa. Sin embargo, en el caso de Ruth y el mío (en una medida muchísimo menor), enfrentamos una necesidad que exigió perseverancia para que Dios alcanzara sus propósitos divinos. Dios nos dio a cada una la capacidad de hacer su voluntad, y de sobrellevar la falta. Él me enseño, sin duda, que el problema no era tan malo. A fin de cuentas, yo lo tenía a Él y toda su gracia, fortaleza poder y fuerza —sin mencionar su presencia— para salir adelante. Mi hija Courtney y su esposo Paul tienen cuatro niños. Paul trabaja en un submarino del ejército y permanece fuera de casa durante seis meses seguidos cada año. Courtney repite lo mismo que yo he dicho, al igual que Ruth Graham: "Trato de aprovechar al máximo lo que tengo y pasar por alto lo que no tengo".

¿Qué haces en este momento? ¿Qué falta en tu vida? ¿En qué hay insuficiencia? Durante décadas, el misionero Hudson Taylor dependió de Dios cada día para que supliera el dinero y el alimento necesario para todos los huérfanos bajo su cuidado. Aún así, él nunca perdió de vista la fidelidad de Dios. Él mismo escribió: "En la mayor dificultad, en la prueba más onerosa, en la pobreza y las necesidades más apremiantes, Dios nunca me ha fallado: Ayer, el saldo financiero de toda la misión al interior de la China era de veinticinco centavos. ¡Alabado sea el Señor! Veinticinco centavos, más todas las promesas de Dios".[4]

Amiga, entrega tu fatiga, tu carencia, tu gran dificultad, tu pesada carga, tu pobreza apremiante y tus necesidades a Dios, que todo lo tiene, y alábalo. Pronto descubrirás esta verdad: Lo único que necesitas es a Dios, y nada más.

Perfección mediante las persecuciones

La siguiente dificultad que menciona Pablo en 2 Corintios 12:10 son las "persecuciones", lo cual significa "ser repelido, expulsado, o sacado de casa". En los tiempos del Antiguo Testamento, el pueblo de Dios, los israelitas, fueron expulsados de sus casas y de su patria —la Tierra Prometida— y llevados en cautiverio a tierras extranjeras.

En la época del Nuevo Testamento, los cristianos fueron dispersados cuando empezó la persecución, y fueron expulsados o forzados a huir para salvar sus vidas. Ya mencioné a Priscila, una mujer del Nuevo Testamenteo que junto con su esposo Aquila tuvieron que dejar su casa en Roma (Hch. 18:2). Aún así, Dios capacitó y facultó a Priscila (y a Aquila) dondequiera que fueron. Sea cual fuera la casa que tenía Priscila, abría sus puertas y compartía con otros, entre ellos el apóstol Pablo (v. 3). Apolos, quien llegó a ser un gran predicador del mensaje de Cristo, se convirtió en un siervo mucho más eficaz después que Priscila y Aquila lo tomaran aparte y le explicaran su conocimiento más preciso (v. 26). No me sorprendería que Aquila y Priscila hicieran esto en su hogar donde abrían las puertas para la comunión fraternal y las reuniones de la iglesia (Ro. 16:5).

Busca a Dios y entrégale tu situación y lo que pueda resultar de ella. Dios ha prometido cuidarte... ¡y Él lo hará!

En vez de abatirse y rendirse a la autocompasión, la tristeza, y el resentimiento porque le tocó trasladarse, Priscila encontró en el Señor fortaleza, poder y gozo hasta el punto de sentirse contenta y de compartir lo que tenía con otros. La obra del reino de Dios avanzó gracias al corazón y la hospitalidad de esta hermosa pareja.

¿Qué te hace falta? ¿Quién hace tu vida difícil? ¿Quién te molesta, te persigue, te obliga a ir en la dirección contraria a tus sueños? Pablo sufrió persecución y oposición desde el día en que creyó hasta el día de su muerte. Con todo, nunca cedió ni se rindió. Pablo nunca se dejó vencer ni retrocedió. Contaba con la promesa de Dios de gracia abundante —y la recibió. ¡Y tú también puedes recibirla! Busca a Dios y entrégale tu situación y lo que pueda resultar de ella. Dios ha prometido cuidarte… ¡y Él lo hará!

Venid a mí todos los que estáis trabajados y cargados, y yo os haré descansar. Llevad mi yugo sobre vosotros, y aprended de mí, que soy manso y humilde de corazón; y hallaréis descanso para vuestras almas; porque mi yugo es fácil, y ligera mi carga

(Mateo 11:28–29).

Jesús es el Señor Todopoderoso, y Él usará todo su poder para cobijarte en medio de las tormentas de tu vida, y para resguardarte cuando estés desamparada; en Él tendrás tu refugio. La gracia y el poder de Dios son suficientes para enfrentar todo lo que pueda sobrevenirte.

Perfección mediante las angustias

Para terminar, Pablo habla de nuestras "angustias" (2 Co. 12:10), las cuales pueden venir de fuera mediante circunstancias externas, o de presiones internas. Puede ser cualquier tipo de angustia o dificultad, y períodos de tensión a los cuales Dios nos somete. A este grupo de retos yo los denomino "las pruebas del exceso". Si los problemas que tienen que ver con necesidades son "las pruebas de la carencia" (cuando no es suficiente), las "angustias" denotan demasía: demasiada presión, demasiado estrés, demasiado sufrimiento, demasiada calamidad.

En el Antiguo Testamento, Job constituye sin duda un ejemplo de alguien que sufrió "las pruebas del exceso": perdió a su familia, su tierra, sus posesiones, su casa, su salud, y su reputación. Al final, Job lo perdió todo. ¿Cómo enfrentó sus "angustias"? Job reconoció: "Jehová dio, y Jehová quitó; sea el nombre de Jehová bendito" (Job 1:21).

De nuevo, el apóstol Pablo ofrece su nueva lista de "pruebas del exceso". Estuvo muchas veces en prisión (en exceso), fue azotado cruelmente (en exceso), estuvo en peligro de muerte una y otra vez (en exceso), recibió 39 azotes (en exceso), fue azotado con varas (en exceso), apedreado hasta casi morir (en exceso), naufragó tres veces (en exceso), afrontó peligros en ríos (en exceso), y de parte de ladrones (otra vez, en exceso)... ¡y eso no es todo! La lista de Pablo sigue e incluye muchas más experiencias "excesivas" (2 Co. 11:23-27).

¿Qué angustias experimentas en este momento? ¿Cuál es tu prueba "excesiva" ahora? Como ya he subrayado, la gracia de Dios es suficiente en medio de cualquier angustia. Él te colma de todo lo que necesitas de Él, de su poder, de su fuerza, de su capacidad para manejar todo lo que parece excesivo.

Recapitulación

Una vez oí acerca de un hombre llamado Thomas Cranmer, que fue martirizado por la reina católica María por ser protestante. Cuando su reino empezó a perseguir a los cristianos en Oxford, Inglaterra, este hombre tuvo que ver morir a sus dos discípulos (Ridley y Latimer) en las mismas llamas a las cuales él fue lanzado momentos después. Estos tres hombres sufrieron todos los males que Pablo menciona: debilidades, afrentas, necesidades, persecuciones, y angustias. Los tres se habían conocido antes de morir, y se animaron unos a otros a "tener buen ánimo, porque Dios apagaría el fuego y las llamas, o bien nos dará la fortaleza para soportarlo".

En el caso de ellos sucedió lo último: En medio de las llamas, Dios les dio fuerza en su debilidad y en su momento de necesidad, de mayor vulnerabilidad. Cuando los dos primeros agonizaban, exclamaron: "¡Más fuego, en nombre de Cristo!" Ellos nunca vacilaron. Luego llegó el turno para que Cranmer muriera en el fuego. En el ardiente poste de la hoguera sobresalía la verdad que años antes él mismo había escrito:

> Con el tiempo he aprendido que Dios brilla con toda su fuerza y despliega todo el resplandor de su misericordia y su consuelo, o su fortaleza y firmeza de espíritu con mayor claridad o ímpetu sobre la mente de sus hijos cuando éstos se encuentran bajo dolor y angustia extremos, tanto en cuerpo como en alma. Es entonces que Él demuestra ser el Dios de su pueblo, justo cuando parece que los ha abandonado por completo, para luego glorificarlos, cuando parece que los está destruyendo.[5]

Dios te extiende hoy su poder y su gracia, como lo hizo con Pablo, y con tantos otros que menciona este capítulo. Tú también puedes decir como Pablo: "Cuando soy débil, entonces soy fuerte". Tus diversas debilidades te hacen fuerte en Cristo. Y cuando más débil te encuentras, en realidad eres más fuerte, porque tienes la fortaleza de Cristo que se manifiesta en ti. A este respecto, la escritora y oradora Jill Briscoe nos exhorta: "Confía tus debilidades a la fortaleza de Dios".

Las palabras de este himno que compuso Annie Flint expresa la enseñanza de Pablo en lenguaje poético. También nos muestra cómo Dios crea una obra de arte.

Él da mayor gracia

Él da mayor gracia cuando más pesan nuestras
cargas,

Él envía mayor fortaleza cuando aumentan nuestros trabajos;
A mayor aflicción, mayor misericordia.
Multiplica la paz cuando las pruebas se acrecientan.

Cuando se han agotado nuestras fuerzas para resistir,
Cuando nuestra fortaleza ya ha fallado al despuntar el día,
Cuando llegamos al límite de nuestra capacidad,
La plena provisión de nuestro Padre apenas comienza.

Su amor no tiene límites, ni medida su gracia,
El hombre jamás ha visto los confines de su poder;
Pues de sus infinitas riquezas en Cristo Jesús,
Él da, y da, y da sin cesar.[6]

–Un paso adelante–

La senda de Dios en medio de tus problemas es en verdad asombrosa, ¿no te parece? He aquí algunos pasos adicionales que te ayudarán a sortear toda clase de dificultades.

Paso 1: Conoce. En especial, conoce estos hechos acerca de Dios: Que su gracia es suficiente y que su poder se perfecciona en tu debilidad.

Paso 2: Crece. El crecimiento y la resistencia espiritual están a tu disposición cuando confías en el poder y la gracia de Dios, y si recurres a ellos para enfrentar cada dificultad.

Paso 3: Avanza. Cualesquiera que sean las situaciones difíciles que se presenten en tu vida, enfréntalas. Entiende que en la vida sobrevendrán muchas situaciones así. ¡Sigue adelante y persevera! No busques una salida fácil. Date cuenta de que Dios sostiene a sus hijos espiritualmente cuando físicamente son probados y enfrentan otros problemas (como privaciones, persecución, y todo aquello que menciona Pablo en su lista). El peso de las pruebas es el motor espiritual para tu avance.

Paso 4: Manifiéstate. Alégrate en manifestar la fortaleza de Dios. Gózate cuando sufres, porque el poder de Cristo reposa sobre ti y se manifiesta en toda su grandeza por medio de tus debilidades y necesidades.

Sección 5

Cómo ser una mujer resistente

Cada tentación es una oportunidad para acercarnos más a Dios.[1]

George Sweeting

17

Soportar tiempos difíciles

No os ha sobrevenido ninguna tentación que no sea humana; pero fiel es Dios, que no os dejará ser tentados más de lo que podéis resistir, sino que dará también juntamente con la tentación la salida, para que podáis soportar.
1 Corintios 10:13

Según el autor Tim Hansel, varios investigadores escribieron un libro después de estudiar 413 personas famosas y dotadas de talentos excepcionales. Su meta consistía en determinar qué había producido vidas semejantes. Desde el comienzo del estudio, los patrones que descubrieron fueron sorprendentes. Por ejemplo, 7 de cada 10 de estas personas geniales provenían de hogares que distaban mucho de ser un oasis de amor y tranquilidad. Antes bien, eran hogares plagados de traumas, como la ausencia de los padres o conflictos entre ellos, pobreza, e impedimentos físicos.[2]

Los hallazgos que el libro presenta son hechos reveladores de los orígenes de personas que llegaron a ser consideradas "grandes". Resulta asombroso que estas personas sobresalientes lograron vencer casi cualquier impedimento. Casi todos triunfaron a pesar de haber tenido que enfrentar serias dificultades.

Bueno, tú y yo también tenemos dificultades. Como hemos visto, estos problemas son oportunidades para que conozcamos el poder de Dios y lo que somos en Él, y lo que en realidad podemos ser y hacer con su ayuda. Enfrentar dificultades nos da resistencia, que es la capacidad de sostenerse y permanecer en medio de nuestros problemas hasta que éstos llegan a su fin.

Examinar las pruebas y tentaciones

Primera de Corintios 10:13 presenta una perspectiva un poco diferente de nuestras pruebas en relación con lo que hemos estudiado hasta ahora. Pablo escribe a la iglesia de Corinto y cita la peregrinación de los hijos de Israel durante cuarenta años para ilustrar lo que ocurre cuando el pueblo de Dios se rinde ante los problemas. Después de señalar los privilegios que gozaron los israelitas en su relación con Dios, y los numerosos milagros que presenciaron, Pablo enumera sus pecados (vv. 1-10). Luego dice: "Y estas cosas les acontecieron como ejemplo, y están escritas para amonestarnos a nosotros, a quienes han alcanzado los fines de los siglos. Así que, el que piensa estar firme, mire que no caiga" (vv. 11-12). Después de la advertencia, Pablo presenta la perspectiva divina para entender y lidiar con nuestros problemas:

> No os ha sobrevenido ninguna tentación que no sea humana; pero fiel es Dios, que no os dejará ser tentados más de lo que podéis resistir, sino que dará también juntamente con

> la tentación la salida, para que podáis soportar (1 Co. 10:13).

Este versículo emplea la palabra *tentación* en lugar de *prueba*. Sin embargo, se trata de la misma palabra griega que se traduce "prueba" en Santiago 1:2 y 1 Pedro 4:12. Algunos eruditos bíblicos explican así la diferencia en la traducción de esta palabra: "pruebas" se refiere a asuntos externos tales como tragedias, opresión, angustias y sucesos que el apóstol Pablo mismo menciona acerca de su propia vida (2 Co. 12:10). La "tentación" hace referencia a las presiones internas que incitan al pecado, como la lista pecaminosa de los israelitas.[3]

Pablo dice que las pruebas externas tales como hambre, sed, ardor, desamparo, inestabilidad y otras que experimentaron los israelitas, indujeron a la tentación de quejarse, murmurar, pelear y cuestionar, que a su vez los llevó a rebelarse contra Dios y contra su siervo Moisés.

Por otra parte, como ya he señalado a lo largo de este libro, no debemos considerar los problemas y las pruebas como algo malo. No son más que oportunidades para que podamos "soportar la presión de una fuente externa" (lo que la Biblia denomina una prueba) o de conflictos internos (que en 1 Corintios 10:13 se considera una tentación). En cualquier caso, nuestra respuesta y nuestra resistencia es lo que reafirma y fortalece nuestra fe y nuestra confianza en Dios.

De aquí en adelante, cuando hablo de problemas, pruebas y tentaciones, en realidad me estoy refiriendo a una misma cosa: ¡las pruebas!

Aceptar la tentación

La capacidad para soportar empieza con reconocer y aceptar que las pruebas vendrán. Esto nos ayuda a no desmoronarnos frente a una dificultad. Es probable que hayas oído la broma que reza: "El hombre nace, paga impuestos, y luego muere". Esto apunta a hechos ineludibles de la vida, al igual que las pruebas.

- El autor del libro de Santiago dijo: "Hermanos míos, tened por sumo gozo cuando os halléis en diversas pruebas" (Stg. 1:2).

- El apóstol Pedro dijo: "Amados, no os sorprendáis del fuego de prueba que os ha sobrevenido, como si alguna cosa extraña os aconteciese" (1 P. 4:12).

- El apóstol Pablo dijo: "No os ha sobrevenido ninguna tentación que no sea humana; pero fiel es Dios, que no os dejará ser tentados más de lo que podéis resistir, sino que dará también juntamente con la tentación la salida, para que podáis soportar" (1 Co. 10:13).

Cómo responder a la tentación

En mi opinión, esta actitud que prevé la realidad de las pruebas proporciona una gran medida de cordura. Las tentaciones vendrán, y vendrán con un propósito. Están diseñadas para probarnos de tal manera que salgamos más fuertes, con una mayor capacidad de sobrellevar lo que nos depara el futuro. El propósito de las pruebas no es dañarnos; son de naturaleza neutra. Solo cuando cedemos a la tentación nuestras acciones se convierten en pecado. Por tanto, cabe preguntarnos: "¿Cómo voy a manejar las pruebas? ¿Qué haré cuando vengan?"

Estoy segura de que recuerdas ocasiones en las cuales personas conocidas, o tú misma, han reaccionado de mala manera a las tentaciones:

- Podemos portarnos como unas lloronas frente a la prueba. (Créeme que yo lo he hecho).

- Podemos mostrarnos como unas niñas malcriadas (también lo he hecho), y tener una pataleta cuando viene la prueba.

- Podemos portarnos como adolescentes malhumoradas y hoscas porque nos vemos frente a una dificultad (y sí, también conozco bien esta actitud).

¿Y qué de los adultos? Cuando un adulto no obtiene lo que desea, ¿qué ocurre? Una mujer sobria y madura no llora, no tiene pataletas, no se enfurruña. No, ella no actuará como una llorona, ni como una niña malcriada, ni como una adolescente inestable. ¿Por qué habría de hacerlo si sabe bien que las pruebas vendrán y que son parte de la vida?

Así que el primer consejo para soportar las pruebas y los momentos difíciles es que estés bien *informada*. Dios vuelve a recordarnos que las pruebas vendrán.

Preparadas para la tentación

Saber que las pruebas vienen nos motiva a prepararnos para recibirlas. Si tú sabes que enfrentarás el mismo problema mañana, y otro día, e incluso uno más, entonces *planea* cómo vas a enfrentarlo. Una manera de hacerlo es imaginar que son como los operativos que vemos en los noticiarios de televisión, donde la policía, los servicios de inteligencia o los comandos de lucha contra las armas y los vicios rodean a distancia el lugar donde se realizan operaciones ilegales. Estas personas permanecen alerta, listas para entrar en acción.

Todo el día permanecen agachadas contra el suelo observando, protegidos con sus escudos y con sus armas listas. Son conscientes de la inminencia de las dificultades.

Debemos estar alerta, bien armadas, con los escudos listos, velando y preparadas para enfrentar el problema.

Al igual que estos oficiales aguardan con toda certeza la aparición de disturbios, nosotras debemos estar alerta, bien armadas, con los escudos listos, velando y preparadas para enfrentar el problema. ¡Sabemos que las pruebas vendrán! Sabemos que las dificultades están a la vuelta de la esquina. Nunca deberían tomarnos por sorpresa ni fuera de lugar. No hay razón para que las dificultades nos tomen desprevenidas, o que nos derrumben y perturben.

Mi esposo pasó varias décadas como reservista del ejército de los Estados Unidos. Una vez al año, salía de casa para asistir a un entrenamiento de dos semanas. En una ocasión, su unidad fue enviada a Minnesota en pleno invierno para aprender cómo instalar un hospital portátil en condiciones extremas de nieve y frío. Cuando regresó a casa y desempacó su mochila de lona, tenía un puñado de bolsas plásticas de color café. Parecía que contenían libros, pero en su interior había porciones de comida deshidratada. Cada día que salían, los enviaban con el paquete de comida (la denominaban "comida lista para el consumo"), repleto de salsa Tabasco porque era evidente que nada tenía buen sabor. Estos soldados salían preparados para enfrentar las necesidades del día, e incluso llevaban provisiones adicionales en caso de que se presentara una emergencia o una tormenta que les impidiera regresar a la base.

El ejército enviaba a sus soldados con provisiones de alimento abundante y otros artículos de primera necesidad para cualquier eventualidad. A diferencia de algunos esquiadores y escaladores que cada año se aventuran a subir las montañas del estado de Washington donde vivimos, y que acaban perdidos y desamparados varios días por una tormenta, Jim estaba preparado y equipado para lo peor. Tú y yo hemos de pensar y planear con anticipación, conscientes de que las pruebas vendrán.

¿Recuerdas tus "clases de conducción" o los cursos que tomaron tus hijos? A los futuros conductores se les enseña a conducir a la defensiva. El lema es: "¡Cuidado con el otro conductor!" Tenemos que seguir este consejo y estar alerta, velando y esperando, listas en todo momento para recibir las pruebas, que sin duda vendrán.

Hace poco regresé de una reunión familiar donde escuché a mi hermano Robert hablar acerca de su hija mayor que acababa de recibir su licencia o permiso de conducir. Robert estaba en una cena de celebración cuando su agente de seguros le dijo: "Robert, cuando ella tenga su primer accidente, explícale que esto es lo que tiene que hacer… cuando suceda, no dudes en llamarme, y asegúrate de tener a mano esta información".

Robert respondió: "¡Espera un minuto! *¿Por qué hablas de eso?*"

"Ah, eso pasará" —le dijo su agente al tiempo que reía.

¡Y por supuesto que sucedió!

Toma nota. Las pruebas vendrán. Y tenemos que ser inteligentes acerca de lo que haremos *cuando* se presenten. Si no nos preparamos bien antes de que venga la crisis, nuestro sufrimiento será mayor debido a que no sabremos qué hacer, cómo protegernos, cómo obtener ayuda o cómo ayudar a la otra persona.

Como bien dice el lema de los Boy Scouts: "Debes estar preparado".

Planear antes de la tentación

Si sabes que vendrán visitantes ¿te preparas? Si eres como yo, y como muchas de mis amigas, con prontitud eliges las mejores recetas, haces una lista de compras, vas a la tienda a comprar todos los ingredientes para preparar la mejor comida. Luego cambias las sábanas de la cama de huéspedes y limpias el baño. Y si te queda tiempo incluso haces una limpieza completa de la casa.

O si sales de vacaciones ¿qué haces? Lavas y preparas la maleta con la ropa que vas a necesitar, llamas a la oficina del diario para suspender el envío, o pides a un vecino que recoja tu correspondencia, y te aseguras de pagar todas tus facturas. Dejas tu casa limpia y bien cerrada, riegas las plantas y podas el césped. Así te preparas para salir de casa.

Prepararse es clave en el momento de organizar unas vacaciones, un viaje a la montaña, una casa para recibir huéspedes, o para enfrentar las pruebas. Imaginemos que miras la fecha de hoy en tu calendario y que hay escrito en él, en letras rojas, las siguientes palabras: ¡Viene la prueba! o "Prueba a las 3:00 pm". ¿Qué harías si fuera tan claro el advenimiento de una prueba en tu vida? Respuesta: Te prepararías para ello.

> *En nuestra humanidad no podemos estar preparadas para todo, pero podemos estar listas permaneciendo aferradas al Señor.*

Jim impartió un seminario para estudiantes universitarios en nuestra iglesia acerca de fijar metas para toda la vida. Una pregunta que debía responder cada estudiante era: "Si supieras que dentro de seis meses te va a caer un rayo y que morirás de manera fulminante, ¿cómo aprovecharías los siguientes seis meses de tu vida?" Una joven fue lo bastante valiente para mostrarme su respuesta. Ella escribió: "Pasaría la totalidad de los seis meses que me quedaban de rodillas orando y dando testimonio a otros acerca de Cristo".

Una pregunta como la de Jim nos devuelve a la realidad de aquello que verdaderamente vale. Echa pues un vistazo a tu propia vida y evalúa qué tan preparada estás para lo que viene, para los sucesos conocidos e incluso aquellos que son inciertos. Por ejemplo, sabes que tu esposo regresa a casa después del trabajo y que tal vez necesite descanso, una cena, compañía y apoyo amoroso. Y cuando tus hijos llegan a casa de la escuela desearán contarte acerca de su jornada, de lo que comieron, e incluso de sus problemas y algo de diversión. Y en algún momento alguien de tu familia o un amigo se enfermará de gripe, o algo más grave. ¿Cómo puedes prepararte para afrontar los gastos médicos, el tiempo que requiere el cuidado del enfermo o apoyarlo? ¿Y qué de los gastos banales como los electrodomésticos y vehículos que se descomponen? Y están además las pruebas mayores, las muertes trágicas, los accidentes, las emergencias, y así sucesivamente.

En nuestra humanidad no podemos estar preparadas para todo, pero podemos estar listas permaneciendo aferradas al Señor. Para empezar, sumérgete en la Palabra de Dios. ¿De dónde crees que vendrá la fuerza, la confianza y el poder para enfrentar las pruebas y tentaciones que inevitablemente vendrán? De la poderosa Palabra de Dios. Permanece fiel en oración. La oración es el lugar donde reconoces tus debilidades y presentas a Dios tus necesidades. También es el medio para fortalecer tu fe que te permita soportar las pruebas. La oración es además la forma como puedes permanecer arraigada en Dios y pedir su fortaleza, su sabiduría, su gracia, su misericordia, y su poder para resistir.

Una actitud positiva

Podemos conservar una actitud positiva tanto al prepararnos para las pruebas y las tentaciones, como cuando las enfrentamos, porque Dios está con nosotras:

- Él promete que podrás soportar tus pruebas y resistir cualquier tentación que te incite a pecar (1 Co. 10:13).
- Él promete que saldrás al otro lado de tus pruebas siendo más paciente (Stg. 1:3).
- Él promete que al término de tu prueba serás perfeccionada y restaurada, sin que te falte cosa alguna (Stg. 1:4).

Recibir tus pruebas con otra actitud que no sea positiva es como abrir un agujero en tu cubeta de energía. Tú requieres toda tu energía para enfrentar tus pruebas y tentaciones, así que mantén tu "cubeta" y tu fe en buena forma. No adoptes una actitud negativa o amargada hacia las personas involucradas en tus pruebas. Los rencores, el resentimiento y la amargura sofocan el proceso de crecimiento y conducen al fracaso, que tantas veces termina en la tentación de pecar.

Asimismo, mantén una actitud positiva hacia Dios. Él sabe todo acerca de las pruebas que te sobrevienen. Si quieres manejar tus pruebas de tal manera que obtengas la victoria, recuerda que Dios es tu esperanza, tu salvación, tu Roca, el Dador supremo de fortaleza y poder, de sabiduría y resistencia. ¡*Él* es todo lo que necesitas! No comprometas tu relación con Él y tu victoria sobre las pruebas al guardar resentimiento y amargura. Si cedes a esta tentación quedarás como paralizada y serás incapaz de responder adecuadamente, de resisitir y de obtener la victoria.

El profeta Jeremías es un caso típico de alguien que resistió. Durante años fue fiel en comunicar el mensaje de Dios a un pueblo pecador, sin que nadie lo oyera. Además de ello, la vida de Jeremías estuvo en peligro constante. Tal vez la clave de su resistencia radicó en las palabras de aliento que Dios le comunicaba antes de enviarlo a su ministerio profético: "No temas delante de ellos, porque contigo estoy para librarte" (Jer. 1:8). Jeremías sí se desanimó y decepcionó ante la desobediencia del pueblo a la voz de Dios, pero nunca vaciló en obedecer a su llamado. Él permaneció firme en sus pruebas durante 40 años.

Tú y yo también estamos llamadas a resistir. Debemos soportar la presión, las personas, sucesos y circunstancias difíciles, aguantar injusticias y maltratos, y perseverar en nuestras pruebas mientras duren, incluso de por vida si Dios lo demanda.

–Un paso adelante–

Tim Hansel, en su libro *You've Gotta Keep Dancin'* [No pares de bailar], señaló que quizá una de las frases más usadas en nuestro idioma es: *Si tan solo pudiera librarme de este problema, todo estaría bien.*

Él continúa diciendo que la madurez llega cuando comprendemos que, después de superar nuestro problema actual, vendrá otro un poco mayor o más intenso en su lugar. Tim dice que si hemos de crecer y madurar en Cristo, debemos llegar al punto de comprender esta realidad.

¡Tomemos un paso gigantesco ahora mismo! Tú y yo podemos tomar la decisión de no caer en picada con el negativismo cada vez que viene una prueba. Después de todo, sabemos que las pruebas vendrán, y que seguirán viniendo sin cesar. También sabemos que Dios es generoso y amoroso, y que nos dará la fortaleza, el aliento y la sabiduría para soportar y vencer cualquier adversidad. Yo estoy lista. ¿Lo estás tú también?

Nunca enfrentaremos una tentación que no haya sido experimentada por millones de personas más. Las circunstancias pueden variar, pero las tentaciones fundamentales no.[1]

John MacArthur Jr.

18

Nada hay nuevo debajo del sol

No os ha sobrevenido ninguna tentación que no sea humana; pero fiel es Dios, que no os dejará ser tentados más de lo que podéis resistir, sino que dará también juntamente con la tentación la salida, para que podáis soportar.
1 Corintios 10:13

Hay años, meses, semanas, días, e incluso horas en los cuales nos abruman las pruebas que vivimos y aquellas que sabemos que vendrán. Por ejemplo, imagina este episodio de siete días de la vida real de una mujer (de mi vida para ser exactos).

Para empezar, mis dos hijas estaban en casa en vacaciones universitarias de primavera. Sin embargo, no hubo descanso para mí en la primavera, y la iglesia no suspendió las clases para damas ni los estudios bíblicos durante la Pascua el fin de semana siguiente, por lo cual tuve que enseñar en la iglesia en cuatro ocasiones. Yo me sentía desmayar, y me preguntaba: ¿Por qué, por qué mis hijas no pueden tener sus vacaciones de primavera en la misma fecha que todos aquí? Pero no, tuvieron su semana libre justo durante esta semana sobrecargada e inusual. Y créeme que el ambiente festivo reinaba en nuestro hogar. ¿Cómo puedo concentrarme para estudiar y preparar mis mensajes? Me sentía molesta.

Además, esa misma semana tenía una entrega importante, y se trataba de algo que nunca antes había hecho. Tenía que escribir mi primera propuesta literaria a la que debía adjuntar los dos primeros capítulos del libro. La semana anterior me había encerrado en una biblioteca durante dos días y dos noches investigando y diciéndome: "No le temo al trabajo duro. Yo puedo hacerlo. Otros ya lo han hecho antes. No me da miedo trabajar duro. ¡Dios me ayudará!" ¡Y ahora *realmente* necesitaba su ayuda!

Además del poco tiempo que tuve antes de las vacaciones de primavera de mis hijas, me llamó una mujer cuya hija tenía una aventura amorosa. Había dejado a su esposo llevándose al hijo. La mujer quería saber si yo podía pasar el día con su hija en caso de que pudiera concretar un viaje para su hija hasta mi casa. Esto sería el martes, dos días después de que mis hijas se fueran, y un día antes del estudio bíblico del miércoles donde tenía que enseñar a las mujeres. Empecé a orar: "Señor, ¿el martes? ¿de veras?" Sentí que Dios quería que yo me viera con esta mujer, y sin duda sería una sesión de consejería muy exigente. Yo acepté.

Otra llamada que recibí fue de una mujer de mi iglesia que estaba casada con un inconverso. Esta amada hermana se puso lentes de sol en la clase del domingo para ocultar los golpes que su esposo le dio. Ella quería saber cómo la iglesia o yo podíamos ayudarla en su situación, en su prueba.

Luego tuve que auxiliar a una mujer después del culto. Su hija estaba en el proceso de divorcio de su esposo, y la preocupada madre quería saber si había libros o mensajes de audio, o algún consejo que yo pudiera darle para ella comunicárselo a su hija. Estaba ansiosa porque yo le entregara una lista de materiales.

(¡Ah, el teléfono! Ya conoces su sonido, ya imaginas la escena. Su insistente repicar. Casi siempre que suena el teléfono, escucho a alguien que pide ayuda divina porque se encuentra frente a una prueba. Esto se traduce en una prueba para mí también. ¡Sin duda sabrás a qué me refiero!)

Incluso las exigencias y responsabilidades de aquella semana, aparte de esta, ya parecían demasiado para mí. Mi esposo y yo habíamos tomado muchas decisiones de índole económica, justamente porque la primavera y la época de Pascua es sinónimo de pago de impuestos. Estaba próxima la fecha del pago, y debíamos tener todo listo para nuestra cita tributaria el jueves.

También estaba comprometida a participar en una gigantesca conferencia para pastores

> que duraba cinco días. Los preparativos para las reuniones de las esposas que tenían lugar durante la conferencia requerían horas al teléfono para organizar cada detalle.
>
> Y más y más aún.
>
> Estas pruebas son solo una muestra de lo que tuve que enfrentar a diario durante esa temporada. Mi corazón latía a toda velocidad, y mis pensamientos seguían el ritmo y gritaban: "¡Vienen las pruebas! ¡Vienen las pruebas!"

Te contaré cómo sobreviví a esta semana de locura en el capítulo 20, pero por ahora veamos cómo podemos manejar adecuadamente las múltiples pruebas que enfrentamos las mujeres cada día, cada semana, cada mes.

Las responsabilidades de una mujer

Sé que tu lista de pruebas es tan abrumadora como la mía. Entonces ¿qué debemos hacer? ¿Cómo podemos sortear las múltiples exigencias de la vida con madurez? ¿Cómo podemos hacerle frente a tantos retos sin desmoronarnos? En el capítulo anterior estudiamos la primera respuesta de Dios para andar por las pruebas de la vida: *Entender y aceptar que las pruebas y las tentaciones vendrán, y no cesarán* (1 Co. 10:13). Nunca cesarán. (Por cierto que este hecho hace del cielo un lugar muy apetecible).

Y ahora veamos otra verdad que aparece en 1 Corintios 10:13:

> No os ha sobrevenido ninguna tentación que no sea humana; pero fiel es Dios, que no os dejará ser tentados más de lo que podéis resistir, sino

que dará también juntamente con la tentación
la salida, para que podáis soportar.

El segundo mensaje de Dios para nosotras es: *Comprender que de ninguna manera nuestras pruebas son ajenas al resto de la humanidad.* Otros ya han pasado por lo mismo. Hay personas que ya han vivido las mismas experiencias, y que las han superado en victoria como Dios manda. Bien lo expresó el obispo del siglo XIX Joseph Lightfoot cuando su chofer detuvo el carruaje y propuso que el obispo caminara para estar más seguro en el momento de atravesar un estrecho paso montañoso: "Otros carruajes ya han pasado antes por este camino. Continúa" —contestó Lightfoot.

Nada es único

Primera de Corintios 10:13 nos dice con toda claridad que no nos ha sobrevenido ninguna tentación que no hayan experimentado otros. Ningún creyente está exento de vivir pruebas, y ninguna prueba es exclusiva de una sola persona. Todas las pruebas son humanas, comunes, normales, bien sabidas y no excepcionales. No difieren de lo que otros experimentan. Cabe citar un comentario de algún erudito: "Nunca le haremos frente a una tentación que millones de personas no hayan experimentado ya. Las circunstancias difieren, pero las tentaciones fundamentales no".[2] ¡Esto es alentador! Nos recuerda que el éxito es posible. Ninguna tentación excede la capacidad de resistencia humana. Cualquier tentación que enfrentemos es tolerable. No estamos frente a pruebas sobrehumanas y extrañas. A lo largo de los siglos el pueblo de Dios, por su gracia, ha resistido y soportado pruebas como las nuestras.

Ahora mismo que pienso en la semana que acabo de describir en este capítulo, recuerdo la ansiedad que sentí. ¡*Vaya*!

Esa semana parecía una hilera de montañas imposible de atravesar. Sin embargo, después de estudiar esta verdad para enseñarla a una clase llamada "Encuentra la senda de Dios en medio de tus problemas", recibí el valor y la seguridad de que no estaba sola. Sabía que podía lograrlo porque otros lo habían logrado también. Me di cuenta de que aquella semana tan atareada y cargada de excesivas responsabilidades en la que sentí que mi tiempo y energía escaseaban, no era ajena a otros, y que de hecho era algo muy común.

Lo mismo es cierto respecto a todos nuestros problemas. Un divorcio, una separación, un matrimonio desgastado, un esposo alcohólico, un niño con necesidades especiales, la pérdida de un ser querido, la viudez, y problemas similares, pueden ser experiencias novedosas para un individuo, pero Dios dice que son comunes al resto de la humanidad. El dolor físico, la infertilidad, la menopausia, un padre o una madre que envejecen, una dolencia, los tratamientos contra el cáncer, o una enfermedad terminal son problemas que experimentan las personas todo el tiempo. Por desdicha, así es la vida. Nuestros problemas son humanos, eso es todo. Las personas los manejan, crecen gracias a ellos, triunfan sobre ellos, y los soportan.

Las buenas noticias de Dios

¿Hay alguna buena noticia con respecto a nuestras pruebas? ¡Claro que sí! Ya que nuestras pruebas y tentaciones son iguales para todo el mundo, es posible soportarlas cuando permanecemos firmes en medio de la adversidad y resistimos la tentación de pecar en nuestra situación particular. No debemos dar lugar a la debilidad, al decaimiento, a la renuncia. ¡Podemos resistir! Podemos cobrar ánimo sin ceder a los deseos de la carne. Así que no se permiten mujeres lloronas, malcriadas, ni malhumoradas. Podemos ser mujeres maduras que soportan las vicisitudes y sobresaltos para crecer más fuertes en el Señor.

Por desdicha, al igual que tú, yo conozco muchas mujeres que no logran crecer en resistencia porque tienen una visión distorsionada y antibíblica de sus problemas. Se abstraen de la vida o se asocian en complicidad con otros para sufrir las dificultades con una actitud plañidera, quejumbrosa y de autocompasión. No me malinterpretes. Por supuesto que hay momentos y ocasiones para recibir y brindar apoyo y aliento los unos de los otros. Es nuestro deber acompañar a otros que sufren para brindar empatía y consuelo. Dios nos manda hacerlo y espera que lo hagamos. Además, nuestro sufrimiento nos ayuda a servir mejor a otros porque nos identificamos con la experiencia y el crecimiento que esto conlleva:

> Bendito sea el Dios y Padre de nuestro Señor Jesucristo, Padre de misericordias y Dios de toda consolación, el cual nos consuela en todas nuestras tribulaciones, para que podamos también nosotros consolar a los que están en cualquier tribulación, por medio de la consolación con que nosotros somos consolados por Dios (2 Co. 1:3-4).

Con todo, debemos reconocer que nuestra tendencia natural es asociarnos y permanecer arraigadas en los problemas, y que buscamos despertar la simpatía de los demás. ¿Cuáles son entonces las buenas noticias de Dios? Que en vista de que nuestros problemas son humanos, podemos soportarlos si los afrontamos y los usamos para crecer.

Por ejemplo, una vez me pidieron impartir una clase dominical para mujeres casadas con inconversos. Durante años estas valerosas mujeres se habían reunido semanalmente para hablar acerca de su "singular" situación, y de sus esposos. El primer día, yo anuncié que haríamos un estudio bíblico sobre las mujeres de la Biblia, con pasajes enfocados en las esposas, ¡solo en ellas! La Biblia habla a *todas* las esposas en *toda* clase de situaciones. Estas amadas mujeres eran, ante todo, esposas cristianas con esposos inconversos. Por tanto, el enfoque del grupo se redireccionó para centrarse en su papel como esposas —que es la tarea que Dios les encomendó— y en la gracia de Dios. Claro que tuvimos la precaución de aplicar las verdades bíblicas que aprendíamos a situaciones prácticas. No obstante, se puso el acento en las verdades bíblicas para nosotras como personas.

En otra ocasión, una mujer vino para inscribirse en el ministerio de consejería de la iglesia. Cuando le pregunté en qué grupo deseaba participar según la programación semanal, su día libre y el barrio donde vivía, ella me contestó: "¡Oh no! Yo no puedo estar en ese grupo. Soy diferente. No soy como las otras mujeres. Mi situación es muy especial. Usted no entiende. Yo necesito tener a un consejero personal porque mi caso es diferente". Sí, ya sabes lo que pensé: "No os ha sobrevenido ninguna tentación que no sea humana".

Alguna vez, en el transcurso de una enseñanza sobre el libro de Proverbios, nuestra clase llegó a una lección sobre el sexo dirigida a la "esposa sabia" del libro de Proverbios, capítulo 5 (en especial los versículos 15 al 20). Más adelante, escuché que una de las asistentes había presentado diez razones por las cuales no podía poner en práctica la sabiduría de ese pasaje. De hecho, sus razones llegaban a incluir el por qué Dios nunca debería exigirle poner por obra dichas enseñanzas. Ella pensaba que era diferente, que era una mujer única en la tierra, y que estaba exenta de obedecer la Palabra de Dios en ese aspecto.

Muchas mujeres me buscan para recibir consejo sobre su situación. Primero me cuentan sus problemas y luego me piden ayuda. Yo comienzo entonces a darles un poco de orientación, y entonces sucede algo. Siempre espero y oro para que no suceda: "Por favor, Señor, ¡solo esta vez!" Pero de inmediato vuelvo a oír esas dos palabritas: "Sí, pero..." seguidas de: "Mi situación es diferente. Mis circunstancias son extraordinarias. Déjame explicarte por qué eso no funcionará en mi caso".

Hemos de aplacar nuestra tendencia a sobrestimar nuestros problemas hasta el punto de enorgullecernos de ellos. No podemos permitirnos pensar y actuar como si fuéramos personas diferentes, únicas, extraordinarias y especiales en lo que respecta a las pruebas.

Enconces yo explico amablemente: "No, no hay situación alguna en la vida de una mujer que no sea humana. Dios ha escrito toda la Biblia, su Palabra revelada, inspirada y completa, para comunicar su consejo y tratar todos nuestros problemas, que son comunes a todos. Él no ha dejado a algunas personas fuera del alcance de su ayuda. De hecho, su instrucción es la mejor ayuda que podemos recibir. Él nos ha dado todas las cosas que pertenecen a la vida y a la piedad para vivir de manera piadosa. Eso es lo que nos dice en 2 Pedro 1:3. Dios también dice que "Nada hay nuevo debajo del sol" (Ec. 1:9). Ningún pecado, perversión, abuso, problema o asunto es nuevo. Nada hay nuevo.

Si queremos ser saludables y estamos dispuestas a recibir la dirección de Dios, tenemos que aceptar la realidad de que *todos* nuestros problemas son comunes. Hemos de aplacar nuestra tendencia a sobrestimar nuestros problemas hasta el punto de enorgullecernos de ellos. No podemos permitirnos pensar y actuar como si fuéramos personas diferentes, únicas, extraordinarias y especiales en lo que respecta a las pruebas y tentaciones. El peligro radica en que no tardaremos en considerar que ciertos pasajes no se aplican a nuestro caso en virtud de nuestra singularidad. E incluso peor, podemos poco a poco llegar a la conclusión de que Dios nunca esperaría que nosotras sigamos sus mandamientos en cierto aspecto de la vida.

Sí, muchas pruebas que enfrentamos son terribles y traumáticas. Sin embargo, Dios nos dice que aún esas son "humanas". Somos como todo el mundo en lo que atañe a los problemas. Hemos recibido la Palabra de Dios, y ella nos muestra cómo se debe manejar *cualquier* situación que pueda sobrevenir a una persona en el transcurso de su vida, y eso te incluye a ti.

Manejar los problemas como Dios ordena

Una vez asistí a una clase donde estudiamos acerca de la sumisión. Cada vez que el grupo se reunía, pasábamos la primera hora estudiando un pasaje del libro de Ester, y la segunda aplicando lo que nos enseñaba el texto acerca de un estilo de vida sumiso. No sólo tratamos la sujeción de las esposas al liderazgo de sus maridos, sino sus muchas formas al interior del Cuerpo de Cristo.

Sin embargo, una mujer decidió que no estaba obligada a sujetarse a su esposo porque él no era cristiano. Buscó escapatorias a la instrucción divina.

En la misma clase había otra mujer —también casada con un inconverso— cuyo comentario fue que había tomado la clase para asegurarse de ser la mejor esposa para su marido. Ella quería cumplir mejor su papel, ¡quería dar lo mejor de sí!

Esta valiente esposa no estaba dispuesta a permitir que sus circunstancias le impidieran comprender y poner en práctica la verdad bíblica. Ella quería resistir, y más que eso, destacar en su situación y crecer espiritualmente.

También me quito el sombrero frente a una mujer que asiste a mi estudio bíblico universitario. Ella me comentó acerca de sus padres, que acababan de divorciarse. Para completar el agravio que había causado ya, su padre volvió a casarse al poco tiempo. Esta mujer dijo: "Sé que otras personas han pasado por lo mismo, y estoy recibiendo todo el consejo posible. Pido ayuda de muchas personas. Quiero enfrentar esto como debe ser". ¡Qué actitud tan inteligente! Cuando rehusamos creer la mentira de que somos las únicas que enfrentamos circunstancias, pruebas, experiencias o tentaciones como las nuestras, podemos hallar consuelo en el carácter universal de nuestra situación. Podemos estar seguras de que podremos resistir porque se trata de algo propio del ser humano, de personas que también lo han vivido. Otros han salido airosos. Y si nosotras reconocemos que todas las pruebas son "humanas", podemos aceptar sin demora que la Palabra de Dios es la respuesta a todos nuestros dilemas, y el bálsamo para nuestra alma.

–Un paso adelante–

Un rasgo esencial de una mujer madura en Cristo es el anhelo de tener resistencia. Y para obtenerla, debemos pasar por pruebas. Una de mis hijas recortó una tira cómica del diario dominical que mostraba a una mujer soltera mientras discutía con su novio. Ella estaba sentada sola en el sofá después que él se había apartado porque era incapaz de comprenderla. Decía algo así como: "Bueno, a veces una mujer solo desea ser una niña".

¿No te parece que es muy cierto? A veces solo desearíamos ser unas lloronas o malcriadas. Quisiéramos hacer una pataleta o enfurruñarnos. Sin embargo, la Biblia no nos permite darnos ese lujo, porque como mujeres maduras nuestro deseo es crecer en el Señor y en la vida. Después de todo, tenemos esposos, familias, amigos, carreras y ministerios que debemos atender. La recompensa es demasiado grande para que rehusemos procurar lo que Dios nos enseña y la obra que quiere hacer en nosotras.

> *Como las pruebas son humanas, tú no estás sola en tus luchas. Otros te han precedido.*

¿Quieres ser una mujer resistente, una mujer que puede soportar vicisitudes o dificultades sin vacilar, sin rendirse, sin desmoronarse? Entonces tienes que *desearlo*. Casi semanalmente yo digo a las mujeres que ese anhelo es determinante para el crecimiento y la madurez espiritual. Claro, podemos conocer lo que dice la Biblia. Podemos incluso saber cómo *hacer* lo que dice la Biblia. Pero si no *anhelamos hacer* lo que ella dice, no lo obtendremos. Así de simple. Si en verdad quieres ser una mujer resistente, que crece y madura espiritualmente en cada área de la vida, lo serás. Solo depende de tu elección.

Amada lectora, te ruego que entiendas que las pruebas son humanas, y que por ende *tú no estás sola* en tus luchas. Otros te han precedido. ¿Qué puedes hacer?

Paso 1: Lee tu Biblia. Busca específicamente los sufrimientos humanos que soportó el pueblo de Dios en los tiempos bíblicos. Empieza por la vida de Cristo, tu Salvador. La Biblia dice: "Porque no tenemos un sumo sacerdote que no pueda compadecerse de nuestras debilidades, sino uno que fue tentado en todo según nuestra semejanza, pero sin pecado" (He. 4:15). Si lees los cuatro evangelios verás cómo Jesús manejó cada tentación que la humanidad conoce.

Asimismo, estudia las mujeres de la Biblia. Para cada problema que enfrentas hay una mujer en la Biblia que tal vez también pasara por ahí. Y si no encuentras tu problema específico en sus historias, encontrarás un relato que trata el principio fundamental o una experiencia que incluye emociones, sentimientos, afanes y retos similares a los tuyos.

Familiarízate con las vidas de los héroes de la Biblia. En el presente libro no hay espacio suficiente para exponer lo que resistieron hombres como Abraham, Moisés, David y los discípulos, por la gracia de Dios y mediante la fe en Él. Lo que acontenció a quienes nos precedieron nos sirve de ejemplo, y sus historias están escritas para amonestarnos (1 Co. 10:11).

Paso 2: Lee biografías de cristianos. Las historias de vida de los numerosos santos de Dios a lo largo de los siglos te enseñarán cómo han resistido sus pruebas. Verás cuán humano es sufrir. Biografía tras biografía relata la resistencia, la victoria y el testimonio perdurable que dieron ellos de Cristo. Nunca serás la misma después de conocer de qué forma otros soportaron sus dificultades.

Paso 3: Pide consejo de aquellos que han sufrido. Toma nota de sus experiencias. Descubre cómo se han sostenido y cómo han superado sus problemas. Yo siempre pregunto: "¿Te ha inspirado algún versículo en especial para enfrentar tu dificultad?" Hebreos 4:12 nos dice que "la palabra de Dios es viva y eficaz". Cada versículo que cite alguien o que tú misma leas, puede incluirse en tu arsenal de lucha con tus propias pruebas y para enfrentar tus propias tentaciones. Te brindan algo a qué aferrarte, usar como arma y meditar, y son una ayuda para hacer frente a tus pruebas como es debido, como Dios manda.

Paso 4: Procura buscar la ayuda de otros. Pide ayuda. Esto resulta difícil para muchas, pero hazlo. Yo luché con un problema que tenía con mis hijos durante dos años antes de pedir ayuda a otra madre. Yo pensaba que nadie había pasado por lo mismo. Pero en vista de que la situación empeoraba, al fin oré a Dios y le pedí que me guiara a mujeres que pudieran aconsejarme o comunicarme su sabiduría. Como resultado, busqué la ayuda de cuatro mujeres diferentes. Y ¿cuál fue su primera respuesta a mi problema? Todas rieron a carcajadas, y dijeron: "Ah, ¡te tocó el turno! Todas las madres enfrentamos ese problema. Todas hemos pasado por ahí. Lo que tienes que hacer es…" ¡*Por fin*! Ya no estaba sola. Yo era normal. Mi problema era normal. Había esperanza. Y hay esperanza para ti también en cualquier prueba que enfrentas ahora mismo.

Las promesas de 1 Corintios 10:13 son un consuelo permanente y una fuente de aliento para los creyentes. Nuestra confianza reposa en la fidelidad de Dios.[1]

19

Confiar en la fidelidad de Dios

Ustedes no han sufrido ninguna tentación que no sea común al género humano. Pero Dios es fiel, y no permitirá que ustedes sean tentados más allá de lo que puedan aguantar. Más bien, cuando llegue la tentación, él les dará también una salida a fin de que puedan resistir.

1 Corintios 10:13, NVI

En la librería donde compré mi primera Biblia (siendo ya una mujer adulta, casada y con dos niñas), había un recipiente junto a la caja registradora lleno de rotuladores fluorescentes. Se me antojó comprar un par, y uno era de color rosa. Como nueva creyente en Cristo, también era nueva esposa y madre en Cristo. En mi mente y en mi corazón elegí el rosa por ser un color femenino, y me propuse iniciar la lectura de mi nueva Biblia en la mañana. Mi plan era buscar y marcar todos los pasajes que enseñaran acerca de ser una mujer, esposa, madre, y ama de casa piadosa. Me gustaría que pudieras ver mi Biblia después de todos estos años. Dios no solo me guió a muchos pasajes "rosa" en mi vida cotidiana y mis relaciones, sino que el entendimiento adquirido de estas verdades ha bendecido a otras mujeres a quienes he podido comunicarlas.

El otro rotulador era amarillo dorado, y lo elegí para señalar todo lo relacionado con Dios. No se me ocurrió un mejor color para Él que el dorado. Con este rotulador en mano, oré: "Señor, soy tu nueva hija, soy nueva en esto. Quiero conocerte, ¡quiero saber todo sobre ti!" Al día siguiente, cuando empecé a leer la Palabra de Dios en Génesis 1:1, también comencé a marcar todos los versículos "dorados" en la Biblia, todos los que hablan acerca de Dios, de sus atributos, los que revelan cómo Él obra en la vida de su pueblo a través de los siglos, y los que contienen las numerosas promesas para los creyentes.

Centrarse en la fidelidad de Dios

Tal vez sobra decirte que el versículo elegido para esta sección de nuestro libro *Encuentra la senda de Dios en medio de tus problemas* está marcado con dorado en mi Biblia. Oye la Palabra del Señor acerca de Sí mismo:

> No os ha sobrevenido ninguna tentación que no sea humana; pero fiel es Dios, que no os dejará ser tentados más de lo que podéis resistir, sino que dará también juntamente con la tentación la salida, para que podáis soportar (1 Co. 10:13).

"Pero fiel es Dios". ¡*Vaya*! Qué verdad tan alentadora y sustentadora para seguir en nuestro estudio acerca de las pruebas, los problemas y las tentaciones. Ya sabemos que las pruebas vendrán, y que no cesarán. Pero ahora aprendemos otro hecho: Que Dios es fiel, y que nunca dejará de serlo. En medio de tus problemas y de tus pruebas, puedes tener esperanza en el hecho de que el mismo Dios que planea y dirige tus pruebas, también conoce tus límites. Él sabe todo de ti, conoce tus debilidades y limitaciones, y tus necesidades futuras de crecimiento espiritual, fuerza y resistencia. Su fidelidad te permitirá resistir todo lo que te acontezca.

> *La fidelidad de Dios nos ayuda cuando nuestra fidelidad es puesta a prueba.*

Esta verdad de la fidelidad de Dios significa que "ningún creyente puede aducir que la tentación fue excesiva o que el diablo le obligó a hacerlo. Nadie, ni siquiera Satanás, puede forzarnos a pecar… ninguna tentación excede nuestros recursos espirituales. Las personas pecan voluntariamente".[2]

A propósito de recursos, contamos con la fidelidad de Dios cuando nuestra fidelidad es puesta a prueba por una dificultad o una tentación. Nuestra confianza debe estar en Dios y en su fidelidad, no en la nuestra.

Confiar en la fiel protección de Dios

Cuando enfrentas las dificultades inherentes a esta vida, considera estos hechos preciosos acerca de Dios y de su poder para guardarte y cuidarte. ¡Puedes contar con Él!

- Dios te "guardará" en todos tus caminos (Sal. 91:11).

- Dios "guardará" lo que tú le has confiado (2 Ti. 1:12).

- Dios te "guardará" como un pastor a su rebaño (Jer. 31:10).

- Dios te "guardará" en completa paz (Is. 26:3).
- Dios te "guardará" de apartarte de Él (Jud. 24).
- Dios te "guardará" en el momento de la tentación y te sostendrá en la hora de la prueba (1 Co. 10:13).

En verdad, el cuidado de Dios por tu vida es completo. Te cubre cuando estás indefenso, en problemas, en tribulaciones, en pruebas, y en cualquier situación posible. ¡Y su protección no cesa de día ni de noche!

Confiar en el tiempo perfecto de Dios

La fidelidad de Dios es perfecta en su tiempo señalado:

- *Para salvación*: "Cristo… a su tiempo murió por los impíos" (Ro. 5:6). El Hijo de Dios, el Señor Jesucristo, murió en el momento indicado, preciso y predeterminado de la historia para llevar a cabo la salvación de toda la humanidad.
- *Para las luchas cotidianas*: Puesto que nuestro tiempo está en las manos de Dios, podemos decir con el salmista "en tu mano están mis tiempos" (Sal. 31:15).
- *Para el diario vivir*: Dios ha determinado que "todo tiene su tiempo, y todo lo que se quiere debajo del cielo tiene su hora" (Ec.

3:1). Puesto que Dios en su soberanía vela cada día sobre tu vida, ningún suceso que te sobrevenga es dejado al azar. El tiempo perfecto de Dios abarca tu vida diaria, cada etapa de tu vida y cada suceso que puedas encontrar o que debas soportar.

Confiar en la provisión de Dios

Dios promete que ninguna tentación que experimentes excederá tu capacidad para resistir. Él también promete que si una tentación llega a abrumarte, Él abrirá una vía de escape. Y Él sabe con exactitud cuándo proveer la salida (1 Co. 10:13).

Eso fue lo que hizo Dios por su pueblo (Éx. 14). El ejército del faraón egipcio perseguía a los israelitas para volverlos a la esclavitud. Los antiguos esclavos corrieron por sus vidas, hasta que se vieron de cara al mar Rojo. Sin solución humana para su situación, Dios proveyó un camino para su amado pueblo a fin de que pudiera escapar de las fuerzas enemigas. ¡Abrió el mar milagrosamente! Su pueblo lo atravesó por tierra seca mientras las aguas se levantaban como muros alzados en el camino. Y después, con otro prodigio, Dios soltó las aguas para que se juntaran de nuevo al tiempo que el ejército del faraón perseguía a los israelitas sobre el fondo del mar. Sobra decir que los egipcios se ahogaron.

Confiar en el conocimiento perfecto de Dios

Solo Dios conoce a la perfección lo que podemos o no soportar. Él sabe también que cada prueba o tentación nos enseña aquello que necesitamos para crecer espiritualmente y adquirir mayor resistencia. También sabe cuándo es suficiente, y que, al llegar a ese punto, Él en su gracia provee todo lo que necesitamos para triunfar sobre nuestras pruebas, para afrontarlas y soportarlas sin pecar y sin ceder a la tentación.

Esta historia me encanta porque ilustra bellamente cuán confiadas podemos vivir en Dios. Un santo de otra época escribió acerca de una tienda donde un pequeño niño permaneció con sus brazos estirados mientras el tendero depositaba sobre ellos un paquete tras otro de los que había en sus estantes. A medida que la pila subía más y más y que aumentaba el peso, un cliente ya no pudo callar, y dijo al niño: "¡Muchacho, no vas a poder cargar con todo eso!" Dándose la vuelta, el niño respondió con una sonrisa: "Mi padre sabe cuánto puedo cargar". ¡Qué confianza y seguridad! ¡Piensa nada más que tu Padre celestial sabe exactamente cuánto puedes soportar!

¿Y qué pasa cuando nos preguntamos si podemos soportar las pruebas? Los tres amigos de Daniel, Sadrac, Mesac y Abed–nego, confiaron ciegamente en la protección y el conocimiento de Dios, y Él, como siempre, cumplió sus promesas. Aunque calentaron siete veces más de lo normal el fuego al que fueron sometidos los tres hebreos, Dios los cuidó y los libró. Momentos antes, estos tres verdaderos adoradores habían declarado delante del rey Nabucodonosor: "Nuestro Dios a quien servimos puede librarnos del horno de fuego ardiendo; y de tu mano, oh rey, nos librará. Y si no, sepas, oh rey, que no serviremos a tus dioses, ni tampoco adoraremos la estatua que has levantado" (Dn. 3:17-18). Estos hombres fieles estuvieron dispuestos a morir antes que ceder a la tentación. ¡Quiera Dios que nosotras podamos actuar como ellos!

Confiar en la compasión perfecta de Dios

El profeta Jeremías escribió acerca de la fidelidad de Dios. Como ya hemos aprendido, Jeremías predicó el mensaje de

Dios durante 40 años. Aún así, no vio el fruto de su predicación. De hecho, experimentó sufrimiento físico y emocional al ver cómo el pueblo arremetía contra él con enojo y desdén, y con intenciones de matarlo. Sin embargo, en medio de su aflicción y sufrimiento, Jeremías halló esperanza en la fidelidad de Dios. La única luz en la vida de Jeremías fue el conocimiento de la fidelidad de Dios en el pasado, y la promesa cierta de su constante fidelidad para el futuro. Jeremías escribió estas bellas palabras que infunden esperanza para el presente y fortaleza para el mañana:

> Por la misericordia de Jehová no hemos sido consumidos, porque nunca decayeron sus misericordias. Nuevas son cada mañana; grande es tu fidelidad. Mi porción es Jehová, dijo mi alma; por tanto, en él esperaré (Lm. 3:22-24).

Muchos de los grandes himnos de fe se escribieron a raíz de experiencias notables, como haber sido librado de algo, o una percepción cercana de la presencia y la gracia de Dios en momentos de gran dolor o pérdida. El maravilloso himno de Thomas O. Chisholm que se titula "Grande es tu fidelidad" fue escrito por un corazón rebosante a manera de testimonio por la inagotable compasión y misericordia de Dios. El señor Chisholm no pudo contener la emoción mientras meditaba en su fidelidad de "cada mañana" para con él, un hombre que vivió 94 años. El resultado fue un precioso himno que exalta la eterna fidelidad de Dios y su carácter inmutable. La próxima vez que te encuentres en la iglesia, toma un himnario y deja que las bellas palabras del señor Chisholm traigan de nuevo a tu memoria la fidelidad de Dios para contigo.

Confiar en la fidelidad de Dios

Cuando enseñé por primera vez el material de este libro a un grupo de mujeres en mi iglesia, denominé "salud mental espiritual" al hábito de meditar en las verdades bíblicas. Quise comunicar las que más me habían ayudado a andar por la senda de Dios en medio de mis problemas. El versículo 1 Corintios 10:13 que dice "no os ha sobrevenido ninguna tentación" fue uno de los pasajes que escogí para estudiar en esa clase.

¿Por qué elegí esta joya bíblica como uno de mis versículos de salud mental espiritual? Porque me enseñó a dejar de pensar y decir: "Yo no voy a poder" o "No puedo hacer esto" siempre que me veía frente a una prueba. En lugar de eso, este versículo me ayudó a pensar y a decir: "Voy a lograrlo. Soy capaz de hacerlo porque Dios es fiel y Él me ayudará; si cuento con Él y hago mi parte, si persevero hasta vencer".

> *Mi responsabilidad frente a cada problema es permanecer fiel a Dios y perseverar de manera activa. Debo amarlo, confiar en Él, y hacer uso de sus recursos.*

Este versículo es una promesa, una verdad, un hecho. Dios promete que ninguna prueba será más de lo que puedo resistir, más de lo que puedo soportar por su gracia y en sus fuerzas. Él también revela una verdad y un hecho acerca de Sí mismo: "Fiel es Dios". Así que tengo que hacer una elección cada vez que tropiezo con una prueba o una tentación. Puedo dar lugar a pensamientos errados, a mentiras acerca de mi incapacidad, o puedo abrigar pensamientos sanos, que son las verdades divinas. Puedo creer y aceptar que Él es verdaderamente fiel, que ha prometido que velará por mí en medio de mi problema, lo cual es sinónimo de mi triunfo. Dios también promete que no seré probada más allá de lo que puedo resistir, y que si me acerco a ese punto, Él promete venir en mi ayuda y mostrarme una salida para poder vencer. Confiar en la fidelidad de Dios es la senda que debemos seguir en medio de cualquier problema, y es también el camino a la madurez espiritual.

Mi responsabilidad frente a cada problema es permanecer fiel a Dios y perseverar de manera activa. Debo amarlo, confiar en Él, hacer uso de sus recursos, resistir la tentación, pedirle que me faculte para soportar el dolor, el sufrimiento, las privaciones, las situaciones que ponen en riesgo mi vida, y renunciar a mis propias soluciones. Cuando lo hago, descubro su fiel ayuda para cada necesidad.

–Un paso adelante–

¡La fidelidad de Dios es un maravilloso recurso divino! Y está al alcance de todos sus hijos. ¿Qué puedes hacer entonces a la luz de una verdad tan asombrosa? Un gran paso que puedes dar es meditar en la fidelidad de Dios, tal como lo hizo el autor de himnos Thomas Chisholm. Sea cual sea el asunto que enfrentas hoy, un diagnóstico o tratamiento médico, una limitación física, una pérdida familiar, un conflicto con tu esposo, tu hijo o un amigo, o una economía insuficiente, recuerda que "fiel es Dios" (1 Co. 10:13).

Tú y yo (como todos) tendemos a ser olvidadizas. Por ende, es útil que de manera voluntaria y consciente recordemos que la fidelidad de Dios nunca ha fallado. Procura recordar cómo Él te ha "guardado" en el pasado. Recuerda cómo te ha protegido a ti y a tu familia en momentos de graves amenazas. Y recuerda la maravillosa verdad de que el tiempo de Dios es siempre perfecto. En el momento preciso, cuando parecía que estabas al borde del abismo, Dios dispuso una salida, una solución, una respuesta a tu oración, una vía de escape a la tentación, o abrió un camino.

Te ruego que no olvides la bondad, la misericordia y la inagotable compasión de Dios. Recuerda que sus misericordias son nuevas *cada* mañana, y que abundan *cada* día (Lm. 3:22-23).

- Esfuérzate en recordar con frecuencia la fidelidad de Dios en tu vida, que eres su hija amada.

- Recuerda la fidelidad constante de Dios para contigo, la que Él renueva cada mañana.

- Anota los hechos mediante los cuales has comprobado en tu vida la inagotable fidelidad de nuestro Dios, que es siempre fiel a su pacto, y a las manifestaciones gloriosas de su provisión y cuidado.

- Confía en Él en cada situación angustiosa que vivas.

La salida de Dios viene junto con la tentación... Aunque la salida es diferente según la tentación, Dios proveerá para cada una la vía de escape acorde con ella.[1]

20

Vencer la tentación

No os ha sobrevenido ninguna tentación que no sea humana; pero fiel es Dios, que no os dejará ser tentados más de lo que podéis resistir, sino que dará también juntamente con la tentación la salida, para que podáis soportar.
1 Corintios 10:13

Cuando pienso en la fidelidad de Dios, me siento absolutamente maravillada. Dios no solo nos llama y nos salva, sino que también vela sobre cada detalle de nuestra vida, incluyendo las tentaciones y las pruebas que vivimos. Además, Él es fiel para guiarnos en cada paso de la senda *en medio* de nuestros problemas.

Como hemos aprendido —y reconocido— en nuestro estudio acerca de las pruebas y tentaciones, nosotras somos débiles. ¡En eso no hay discusión! Somos limitadas, personas comunes, vasos frágiles, carne y hueso que fue formado del polvo de la tierra. ¿Es esto acaso motivo de gozo? Recuerda que el apóstol Pablo se glorió en sus debilidades. Él explicó:

"Cuando soy débil, entonces soy fuerte", por el poder de Cristo (2 Co. 12:9-10).

Me agrada este comentario que hizo el misionero Hudson Taylor, pionero en la China y fundador de la Misión al Interior de la China: "Todos los gigantes de Dios han sido hombres y mujeres débiles que hicieron cosas grandes para Dios porque se apoyaron en su fidelidad". Estoy segura de que Hudson Taylor leyó y releyó las palabras del apóstol Pablo que nos recuerdan la fidelidad de Dios en 1 Corintios 10:13 antes de escribir su comentario. Recordemos también la fidelidad de Dios que nos ayuda a vencer la tentación:

> No os ha sobrevenido ninguna tentación que no sea humana; pero fiel es Dios, que no os dejará ser tentados más de lo que podéis resistir, sino que dará también juntamente con la tentación la salida, para que podáis soportar (1 Co. 10:13).

¿Quieres hacer cosas grandes para Dios y para su pueblo? ¿Quieres demostrar su poder y grandeza, su amor y gracia ante los demás? ¿Quieres honrarle y glorificarle? Entonces confía en Él. Descansa en su fidelidad.

Contar con la fidelidad de Dios

Ya sabemos que *nuestras pruebas son humanas*. Cualquier tentación o prueba que afrontemos es común, no excepcional ni extraordinaria. También sabemos que *Dios es fiel* en medio de nuestros problemas. Él no es un espectador más, y tampoco nos deja para que nos las arreglemos solas o salgamos a duras penas de apuros. Antes bien, Dios nos muestra su fidelidad para con nosotras mediante dos promesas diferentes.

Promesa #1: Dios asegura que nunca serás abrumada por la tentación. Pablo afirma que "fiel es Dios, que no os dejará ser tentados más de lo que podéis resistir". Dios no permitirá una prueba tan difícil que tú, su amada hija, no puedas soportar.

Imagina la cantidad de veces que Dios ha acudido para dar consuelo, esperanza y aliento a su pueblo. ¡Él también lo hará por ti!

Piensa en estos "grandes" que probaron la fidelidad de Dios para ayudarles a soportar sus pruebas y tentaciones:

Sadrac, Mesac, y Abed–nego fueron probados por Dios en un horno de fuego (ver Dn. 3). Ya te he presentado varias veces a este magnífico trío. Ahora vemos en medio de su prueba el impresionante testimonio de cómo Dios les dio la capacidad de vencer la tentación. Dios les dio la fortaleza, la fe, la gracia y el compañerismo que necesitaban para resistir la tentación de salvar sus vidas a cambio de negarlo a Él e inclinarse ante un rey pagano y su ídolo. De hecho, Él (o uno de sus ángeles) los acompañó en medio de las llamas (v. 25).

Jesús fue probado en el desierto (ver Mt. 4:1-11). Por 40 días y noches el justo y santo Hijo de Dios se quedó solo y sin alimento para ser tentado por Satanás. Sin embargo, apenas resistió la prueba, el Padre envió ángeles para que dieran alimento, agua, fortaleza, compañía y aliento a su Hijo.

Jesús también sufrió agonía en el huerto de Getsemaní cuando se acercaba el momento de morir en la cruz (Lc. 22). Las Escrituras dicen: "Y estando en agonía, [Jesús] oraba más intensamente; y era su sudor como grandes gotas de sangre que caían hasta la tierra" (v. 44). Aún así, Dios permitió que su Hijo enfrentara y soportara lo que vino después. La Biblia nos dice que "se le apareció un ángel del cielo para fortalecerle" (v. 43). Dios no libró a Jesús de la cruz, sino que proveyó todo lo que Él necesitaba para soportarla.

Esteban soportó morir apedreado (Hch. 7). Sin embargo, la Biblia dice que Esteban, "lleno del Espíritu Santo, puestos los ojos en el cielo, vio la gloria de Dios, y a Jesús que estaba a la diestra de Dios" (v. 55). Dios permitió que este fiel siervo y mártir viviera esta situación. Esteban murió, y fue una muerte horrible. Sin embargo, Dios le dio exactamente lo que necesitó para soportarlo. En este caso, fue una vision de Sí mismo y de su Hijo. Esteban dijo: "He aquí, veo los cielos abiertos, y al Hijo del Hombre que está a la diestra de Dios" (v. 56). ¡Qué sublime provisión de la gracia de Dios!

Estos son unos pocos ejemplos de la fidelidad de Dios que da gracia y fortaleza a sus hijos en medio de las dificultades. Imagina la cantidad de veces que Dios ha intervenido para proveer consuelo, esperanza y aliento a su pueblo. Y Él lo da en el momento preciso cuando se necesita, a fin de guardar a su pueblo de ser apabullado por cualquier tentación o prueba. ¡Y Él también lo hará a favor tuyo!

Promesa #2: Dios dará una salida para que puedas escapar, o mostrará una senda en medio de tus problemas. Esta es su promesa para ti y para mí. Dios no impide que seamos tentadas, pero sí se asegura de que podamos soportar la tentación capacitándonos para permanecer bajo la presión de la prueba o dándonos una vía de escape.

Al usar el término "salida", Pablo nos hace pensar en un barco que está a punto de estrellarse contra las rocas, y divisa de repente un estrecho pasaje a través del cual puede llegar seguro a la costa (1 Co. 10:13). O puedes imaginar un ejército rodeado por otro ejército enemigo en un valle. Allí, justo antes de ser exterminado, logra ver un claro entre las montañas. El ejército huye a través de éste y logra salvarse para pelear otro día bajo mejores condiciones.

Nuestra responsabilidad consiste en permanecer en nuestras pruebas. La de Dios, ayudarnos a resistirlas o sacarnos de ellas. Él sabe todo sobre nuestros problemas, qué tanto podemos soportar, cuál es el camino que nos espera y cuáles son nuestros límites. Dios es el autor de la prueba, y también quien la controla y la perfecciona.

Y adivina qué más... Dios es también quien nos libra de la prueba. Esto significa que podemos hacer frente a cualquier prueba con la *certeza* de que podemos manejarla, resistirla, y permanecer fieles a Dios porque Él es fiel para con nosotras. Frente a cualquier situación, solo tenemos una opción bíblica: Permanecer en ella y soportarla.

Luego hacemos lo que yo denomino "esperar el milagro". Aguardamos ver la salida que Dios usará para librarnos. Encaramos cada situación con la certeza de que Él lo hará, porque "sabe el Señor librar de tentación a los piadosos" (2 P. 2:9). Así que solo tenemos que permanecer en las pruebas, resistir el pecado, y esperar cómo Dios elige obrar en nuestra vida en una situación dada.

Dos mujeres probadas

Te presento a una mujer que no pudo "esperar el milagro" mientras sufría por ser estéril. Ya has oído acerca de ella; su nombre era Sara, y su historia se encuentra en Génesis 11:31—23:2. Sara simplemente no pudo esperar a tener un bebé, en especial después de haber oído la promesa de Dios de darle un hijo a ella y a su esposo. Al ver que transcurrían años de anhelo y aflicción, Sara finalmente se cansó de esperar en Dios y tomó el asunto en sus manos. Urdió la manera de obtener lo que quería. Se le ocurrió la gran idea de que Abraham tuviera un hijo de su esclava, y que después de nacido el bebé, ella y su esposo lo consideraran hijo suyo. Así pues, Sara manipuló a otros (a su esposo y a su esclava) y llevó a cabo su grandioso plan. En efecto, Abraham tuvo a Ismael por medio de Agar, la sierva de Sara. Por desdicha, el desenlace no fue el que Sara esperaba.

Sin embargo, Dios, como siempre, siguió fiel a su promesa. Sara vio al fin su milagro. Cuando tenía 90 años —habiendo dejado mucho tiempo atrás su edad fértil— dio a luz a su hijo y heredero. Sí, Sara tuvo al fin su bebé, al que llamó Isaac, pero también sufrió en gran medida por su interferencia. Entre su hijo y el hijo de su sierva reinaba la discordia. La encarnizada enemistad entre los dos muchachos prevalece hasta hoy en la tensión que existe entre las dos naciones que salieron de la impaciencia de Sara: los judíos (Isaac) y los árabes (Ismael).

Sacar a sus hijos de aprietos es obra de Dios. Nadie puede hacerlo a la perfección excepto Él.

Elisabet, por otro lado, esperó en Dios para recibir su milagro. Su historia se relata en Lucas 1. Ella también era estéril y muy anciana. Y aunque también sufría, no maquinó ni usó a otros para lograr aquello que anhelaba, sino que esperó. Observa cómo describe Dios el carácter y el estilo de vida de Elisabet mientras esperaba y seguía adelante sin ver su sueño cumplido: "Ambos [Zacarías y Elisabet] eran justos delante de Dios, y andaban irreprensibles en todos los mandamientos y ordenanzas del Señor" (v. 6). Aquí no vemos a una mujer llorona, malcriada, o malhumorada. Tampoco vemos que haya fraguado planes tortuosos ni personas que hayan sido víctimas de algún engaño. La explicación es muy sencilla: Es imposible ser justo e irreprensible, y andar en todos los mandamientos y ordenanzas del Señor, y al mismo tiempo actuar con tal inmadurez. Fue así que Elisabet esperó, y experimentó el milagro de ser madre en su vejez.

Sostener o sacar a sus hijos de aprietos es obra de Dios. Nadie puede hacerlo a la perfección excepto Él. Nuestra tendencia es ayudarnos para salir del problema y darle a Dios un empujón. Con esa idea mentimos, cancelamos compromisos, evitamos situaciones o personas, y manipulamos.

Dejar que Dios obre

En el capítulo 18 expuse mi lista personal de pruebas en una semana de mi vida: Tenía que aconsejar a una esposa que pensaba abandonar a su marido, disfrutar con mis hijas y pasar tiempo con ellas durante sus vacaciones de primavera, preparar las enseñanzas que iba a impartir en la Pascua, escribir una propuesta de libro e incluir los primeros dos capítulos en determinado tiempo, ayudar a una esposa golpeada por su esposo, preparar el pago de los impuestos, entre otras. Todas eran oportunidades ministeriales grandiosas, pero el tiempo era un gran problema. Bueno, ahora veamos cómo resultó mi semana. Es decir, así fue como Dios obró en ese tiempo.

> La mujer que quería dejar a su esposo y que venía de Chicago para recibir consejería el martes (recuerda, tenía que ser el martes), nunca vino. Su corazón estaba tan endurecido que no deseaba recibir consejo alguno. Así que Dios despejó mi martes. Él dio la salida para que yo escapara. Yo me la había pasado sentada al borde del pánico,

> pensando desesperadamente: "Tengo que llamar a esta mujer y decirle que no puedo". Estaba tentada a hacerme cargo de la situación, organizarlo todo de manera conveniente para mí, o idear mi propia salida al problema. No obstante, después de orar y de percibir la gran necesidad de ella, y de consultar a mi esposo y recibir su sincera aprobación, esta fue mi decisión: "Voy a disponerme y veré lo que Dios hace. Será un gozo que Dios me use… ¡pero Él tendrá que arreglarlo todo!"
>
> Luego estaba la joven esposa cuyo marido la golpeó. Nos pusimos cita con seis semanas de antelación, y aún así cada mañana yo gimoteaba: "Ay, Jim, tengo que llamar a esta joven para cancelar esa cita. Me resulta imposible sacar tiempo para eso". Luego me di cuenta de que estaba ideando mi propia salida. ¡Quería saltar del barco! Entonces me tranquilicé delante del Señor y dije: "Voy a respetar el compromiso que hice y veré lo que Dios hace al respecto. Él lo resolverá". Lo cierto es que esa joven esposa no vino, y ni siquiera llamó para darme una explicación de su ausencia. (Por eso doy consejería en mi casa. Desde ahí puedo trabajar de continuo, sin perder tiempo sentada en un restaurante o en un parque esperando a alguien que tal vez no llegue). Más adelante traté de contactarla, pero se había mudado. Entonces hice lo mejor en esa situación: Oré por ella y por su esposo.

En estos ejemplos luché contra mis decisiones previas. Aún así, con la ayuda de Dios, y gracias a la oración, resistí la tentación de cancelar o librarme de mis compromisos, de tomar el asunto en mis propias manos. No cedí a la tentación, o al menos estuve dispuesta a hacerlo. Pero Dios fue fiel, y me dio la gracia para cumplir con muchos otros compromisos y responsabilidades. Él dio la salida cuando lo necesité en estas situaciones.

Sin embargo, también sé que si hubiera tenido que pasar el martes con la mujer de Chicago y con la otra mujer que necesitaba ayuda, Dios habría provisto la gracia para que yo fuera fiel *y* atendiera todas mis obligaciones de esa semana en particular.

Querida amiga, ¡ese es nuestro Dios! Cuanto más vemos a Dios obrar (¡como yo en aquella semana turbulenta!), más confiamos en Él. Y cuanto más experimentamos su fidelidad, más podemos resistir. Nos sorprende nuestro vigor renovado cuando seguimos adelante a pesar de nuestras pruebas, y cuando perseveramos en nuestra situación sin importar el sufrimiento. ¡A Dios sea la gloria!

–Un paso adelante–

Medita de nuevo en las verdades que revela 1 Corintios 10:13: "No os ha sobrevenido ninguna tentación que no sea humana; pero fiel es Dios, que no os dejará ser tentados más de lo que podéis resistir, sino que dará también juntamente con la tentación la salida, para que podáis soportar". Es indudable que un versículo tan destacado precisa una sincera respuesta de nuestra parte.

¿Qué debemos y qué no debemos hacer? Elige qué pasos darás para llegar a una mujer resistente, una que triunfe sobre sus pruebas y tentaciones, hasta el final. El propósito de Dios para ti es que resistas la presión, que soportes situaciones, sucesos, circunstancias y personas difíciles, y que permanezcas firme en tus pruebas al tiempo que confías en su fidelidad.

No…

…te sobresaltes.

…te desanimes.

…pienses que eres la única que sufre o que tiene defectos.

Sí…

…reconoce tus debilidades.

…vuélvete a Dios para buscar ayuda para resistir la tentación.

Cuenta con la fidelidad de Dios para…

…ayudarte a enfrentar tus problemas y permanecer firme frente a ellos.

…guardarte de que tus problemas excedan tu capacidad de resistirlos.

…protegerte de tentaciones excesivas.

…dar una salida para que puedas escapar de situaciones que se vuelven insoportables.

No olvides hacer tu parte en tus pruebas. Tú debes…

…dar muestras de dominio propio.

…reconocer las personas y situaciones que constituyen una tentación para pecar.

…huir de todo lo malo.

…optar siempre por hacer lo correcto.

…buscar amigos que aman a Dios y que te sostienen cuando eres tentada.

…orar y pedir la ayuda de Dios.

Epílogo

No te afanes por nada;
ora por todo y da gracias por todo.[1]

Epílogo

21

Una gran ganancia

Por nada estéis afanosos, sino sean conocidas vuestras peticiones delante de Dios en toda oración y ruego, con acción de gracias.
Filipenses 4:6

En un estudio de la Universidad de Wisconsin acerca de las preocupaciones de la gente, los estadistas quedaron asombrados frente a estos resultados tan interesantes:

- El 40% tenía miedo a cosas que nunca habían sucedido.
- El 30% estaba muy inquieto por asuntos pasados que ya estaban fuera de sus manos, que ya habían sido superados y que pertenecían al pasado.

- El 12% se sentía ansioso por la pérdida futura de su salud (aunque su única enfermedad estaba en su imaginación).

- El 18% estaba preocupado por sus parientes, amigos y vecinos sin tener fundamento alguno para sus temores.

- ¡El resultado fue que el 100% estaba preocupado por nada![2]

¿En qué tanto por ciento estarías si este médico te hubiera incluido en este grupo de gente preocupada? (¡Y no serías la única!). La preocupación es un mal común, especialmente para las mujeres. Eso parece comprensible porque tenemos muchas responsabilidades. Nuestra lista de quehaceres y de personas bajo nuestro cuidado parece no tener fin. Y además de estas, y de nuestras obligaciones, debemos recordar las desagradables pruebas y tentaciones que siempre nos rodean.

¿Qué hacemos entonces con la preocupación, sobre todo cuando se trata de nuestras pruebas presentes y futuras?

Recapitulación

Ya hemos avanzado en nuestro estudio acerca de las pruebas, con el propósito de entender mejor cómo podemos encontrar la senda de Dios en medio de ellas. Hasta ahora hemos aprendido a aceptar nuestras pruebas con gozo cuando vienen (sin condiciones), a ser mujeres gozosas. Hemos adquirido una mejor comprensión de lo que significa llegar a ser una mujer estable que permanece en sus pruebas y desarrolla perseverancia. También hemos descubierto cómo podemos adquirir mayor madurez y aceptar las pruebas como una manera de crecer espiritualmente y cultivar una mayor resistencia.

El último paso que nos queda es asegurar la paz en nuestra mente y en nuestro corazón en medio de nuestras pruebas, problemas y dificultades que producen tensión. ¿Cómo podemos ser mujeres más tranquilas dispuestas a aceptar lo que venga sin perder la paz, la dignidad, la buena disposición, el control y la cordura?

Cómo manejar todas tus pruebas

Dios nos da la respuesta por medio del apóstol Pablo: *¡Ora!* En Filipenses 4:6 leemos:

> Por nada estéis afanosos, sino sean conocidas vuestras peticiones delante de Dios en toda oración y ruego, con acción de gracias.

En un solo versículo Pablo nos presenta una sencilla pero completa respuesta a la inquietud que experimentamos cuando debemos sortear todas nuestras pruebas. Su doble consejo presenta dos mandamientos. El primero en términos negativos, y el segundo en tono afirmativo.

Primero, el negativo. Pablo, un hombre experimentado en pruebas, problemas, tentaciones y tribulaciones, primero nos advierte de algo que no debemos hacer: afanarnos. Escribió: "Por nada estéis afanosos". ¡Es difícil eludir un mensaje tan directo! Me gusta mucho la traducción de la Biblia que dice: "No se inquieten por nada" (NVI).

En otras palabras, no debemos dar lugar a pensamiento alguno que nos lleve a la preocupación. Ni siquiera debemos pensar en eso.

¿No fue lo que nos enseñó Jesús? Él dijo que no debemos afanarnos por el vestido, ni por la comida, ni por nuestra vida. Más aún, no debemos afanarnos por persecuciones, por el futuro, ni por lo que diríamos frente a un tribunal ante acusadores impíos (Mt. 6:25-34; 10:19).

Ahora bien, Pablo dice claramente: "Por nada estéis afanosos". No hay excepciones a la regla. Tú no debes afanarte por tu trabajo, tu salud… por nada. El mandato es ese.

¿Cómo podemos darnos cuenta si estamos afanadas? ¿Cuáles son los síntomas de la ansiedad?

Cuestionamos. Tan solo imagina que en tu ajetreo diario andas irritada lamentándote: "¡Ay! ¿Qué voy a hacer? ¿Qué va a pasar con este problema o prueba? ¿En qué va a terminar? ¿Y qué pasa si no acaba?" No cesamos de hacer preguntas: "¿Qué dirá la gente? ¿Soy capaz? ¿Habrá dinero suficiente? ¿Y tiempo? ¿O energía?" Estas preguntas y afanes revelan una falta de confianza en Dios. Pablo dice: "¡No más! No se admite la preocupación".

Nos volvemos obsesivas. Tenemos la costumbre de tomar algo insignificante y dedicarle una gran cantidad de tiempo y atención. Nos volvemos expertas en ideas fijas. Sin importar lo que hacemos, nuestros pensamientos se vuelven recurrentes sobre asuntos ínfimos. Es como si no pudiéramos pensar en otra cosa.

Nos agotamos. Nuestro tiempo y energía se consumen por algo que ya pasó, o por una prueba que podría venir, y tal vez nunca venga. Como resultado, no podemos funcionar con eficiencia. Esa preocupación nos invade y arruina nuestra vida diaria.

Nos distraemos. No podemos centrarnos en los asuntos verdaderamente relevantes porque somos incapaces de concentrarnos. Esa incapacidad nos atormenta. Claro, podemos distraernos con el ajetreo cotidiano, pero el afán nos impide manejar la realidad de manera adecuada.

¿Qué nos afana a las mujeres? Si estamos casadas, nos encanta afanarnos por nuestros maridos. Y si tenemos hijos, hay todavía más razones para preocuparse. Y si somos solteras, bueno, esa es otra preocupación. Y luego la economía, la salud, el bienestar de nuestros familiares, los retos laborales, y más, y más, y más. ¡Vaya, parece que nuestra lista de preocupaciones es infinita!

No hay prueba, problema ni tentación tan grande que no puedas presentar delante del Señor, Creador de los cielos y la tierra.

Y ¿qué del futuro? Como no sabemos lo que pueda suceder, podemos siempre cuestionarnos, y afanarnos por el futuro. También nos preocupamos por las relaciones y las amistades, en especial por aquellas que son tensas o difíciles. Nos inquieta nuestra nación, la política y la guerra. La lista de temores podría extenderse hasta el infinito. Con todo, Pablo nos recuerda que por nada estemos afanosas.

Ahora veamos el lado afirmativo del mensaje de Pablo. En Filipenses 4:6 el apóstol nos dice que en lugar de preocuparnos y estar afanosas, debemos emprender una acción positiva: ¡Debemos orar! "Sean conocidas vuestras peticiones delante de Dios en toda oración y ruego, con acción de gracias".

Y si ya estabas afanada pensando en qué habrías de hacer si no podías preocuparte, Dios te ha dado la respuesta: "Por *nada* estéis afanosos, sino sean conocidas vuestras peticiones delante de Dios en toda oración y ruego". La solución divina a todas tus preocupaciones y temores es orar, orar por todo. Tienes que orar en y bajo cualquier circunstancia.

Dios te pone una tarea fácil. Solo tienes que recordar una cosa: La manera de no preocuparse por nada es orar por todo. No hay prueba, problema ni tentación tan grande que no puedas presentar delante del Señor, Creador de los cielos y la tierra. A Él le sobra poder para ayudarte a manejar cada situación. Él te reviste de perfecta paz en tu mente y en tu corazón (v. 7). Y no existe molestia o dificultad demasiado insignificante para que la llevemos al Señor, porque Él se ocupa de todas tus ansiedades (1 P. 5:7). También puedes tener esto en cuenta: Si tu inquietud es tan pequeña que no amerita orar por ella a Dios, entonces lo es para que valga la pena preocuparse por ella.

Comprender el alcance de la oración

¿Observaste que Pablo mencionó cuatro elementos de la oración, o cuatro clases de oración? Cada una es un arma que debes usar para vencer tus temores y ansiedades cuando encuentras y soportas pruebas, dificultades y sufrimiento.

Oración—Presentar todas y cada una de nuestras necesidades a Dios. Esto es tan sencillo como inclinar tu cabeza y hablar con Dios. Pablo y los ancianos de Éfeso hicieron esta clase de oración cuando Pablo partía hacia Jerusalén. Después de enseñar, Pablo "se puso de rodillas, y oró con todos ellos" (Hch. 20:36).

Ruego—Suplicar o implorar a Dios. Esta clase de oración incluye y se enfoca en más detalles sobre tus necesidades, para lo cual resulta útil hacer una lista de oración. Si una prueba te perturba, anótala en tu lista de oración. Luego, preséntala a Dios. Ana lo hizo cuando, siendo estéril, oró específicamente por tener un hijo varón (1 S. 1:10-11). Si presentas tu preocupación principal como tu primera actividad del día, eso te ayudará a enfrentar los demás afanes cotidianos. ¡Y tendrás un día maravilloso!

Acción de gracias—Recordar la bondad y la misericordia de Dios. Expresar tu gratitud a Dios es una manera gozosa de manejar tus pruebas y, al mismo tiempo, obedecer el mandato de Dios: "Dad gracias en todo" (1 Ts. 5:18). Ser agradecida guarda tu corazón contra la amargura. No permite que guardes rencor contra otros. Asimismo, cultiva tu carácter y desarrolla en ti una actitud de gratitud.

Si eres constante en dar gracias, no tendrás problema con la queja, porque no puedes dar gracias y quejarte al mismo tiempo. Tampoco caerás en la murmuración o la angustia. No serás una persona amargada, áspera, ni pesimista. Además, tampoco serás una mujer alborotadora. Sigue pues el ejemplo del salmista, que oró a Dios con acción de gracias: "Bueno es alabarte, oh Jehová, y cantar salmos a tu nombre, oh Altísimo; anunciar por la mañana tu misericordia, y tu fidelidad cada noche" (Sal. 92:1-2).

Peticiones—Presentar peticiones específicas al Señor con respecto a nuestras necesidades. Puedes hacer peticiones a Dios conforme a su carácter y sus promesas. Fíjate cómo el rey Ezequías reconoció el carácter y los atributos de Dios cuando presentó su petición:

> Jehová Dios de Israel, que moras entre los querubines, sólo tú eres Dios de todos los reinos de la tierra; tú hiciste el cielo y la tierra. Inclina, oh Jehová, tu oído, y oye; abre, oh Jehová, tus ojos, y mira… oh Jehová Dios nuestro, sálvanos, te

> ruego, de su mano [de Senaquerib], para que sepan todos los reinos de la tierra que sólo tú, Jehová, eres Dios (2 R. 19:15-16, 19).

Ahora bien, ¿qué puedes hacer con la preocupación? ¿Cómo puedes vivir una vida libre de afán? ¿Cómo puedes manejar todas las pruebas de la vida? Respuesta: Por nada te afanes. En toda circunstancia, ora y ruega, presenta tus peticiones delante de Dios con acción de gracias, y alaba a Dios pidiéndole su ayuda, su respuesta, su sabiduría, su fortaleza, su gracia, su provisión, y todo lo que necesitas (Fil. 4:6).

¡Entonces ocurrirá un milagro! Tan pronto haces las cosas como Dios ha establecido —orar en vez de afanarte— recibirás una gran recompensa: la paz de Dios que sobrepasa todo entendimiento. Su paz guardará tus pensamientos y tu corazón en Cristo Jesús (v. 7). A pesar de tus pruebas, y *en medio* de ellas, ¡tendrás la paz de Dios! Y lo maravilloso de su paz es que es inmediata. ¿No te parece que la oración es un precioso don de Dios para enfrentar las pruebas y tribulaciones de la vida?

–Un paso adelante–

En todo el libro nos hemos centrado en las pruebas cotidianas e inevitables de la vida. Santiago nos enseña: "Tened por sumo gozo cuando os halléis en diversas pruebas" (Stg. 1:2). Asimismo, nos insta a orar como la solución definitiva para poder enfrentarlas. Él aconseja: "Y si alguno de vosotros tiene falta de sabiduría, pídala a Dios, el cual da a todos abundantemente y sin reproche, y le será dada" (v. 5).

Pablo también oró. Él reaccionó de manera natural cuando padeció por causa de su "aguijón en la carne" (2 Co.

12:7), y dijo: "tres veces he rogado al Señor, que lo quite de mí" (v. 8).

¿Cuál es el siguiente paso que das en la senda de Dios en medio de tus problemas? ¿No te parece obvio? ¡Debes orar! Cuando das el paso de orar…

- …cuidas tu mente de albergar pensamientos dañinos.
- …aplicas el remedio para todos tus afanes y ansiedades.
- …reconoces tu dependencia del Dios Todopoderoso y de sus recursos divinos.
- …eres obediente al mandato del Señor.
- …estás lista para experimentar la paz de Dios que sobrepasa todo entendimiento.
- …puedes estar segura de que te hallas en la senda de Dios en medio de tu problema.

Cuando enfrentas problemas y adversidades, la oración impulsa tus raíces espirituales hacia las profundidades del suelo fértil del amor y la provisión de Dios, porque es la manera de pedir a Dios su fortaleza para soportar las inevitables tormentas de la vida. Las pruebas son dolorosas, agotadoras, gravosas, y molestas. En ocasiones pensarás que no puedes seguir ni resistir más. Sin embargo, en esos momentos oscuros la verdadera fe brilla con mayor esplendor. Cree la promesa de Jesús, que Él nunca te desamparará ni te dejará (He. 13:5). ¡Anímate, hija del Rey! Y recuerda que como hija de Dios tú eres…

- …más que vencedora cuando más tentada eres,
- …más gloriosa cuando más afligida eres,
- …más partícipe del favor de Dios cuando menos gozas del favor de los hombres;
- la medida de tus dificultades es la de tus conquistas;
- la de tus tribulaciones, tus triunfos.[2]

Notas

Capítulo 1— Aceptar la realidad

1. Albert M. Wells, Jr., comp., *Inspiring Quotations—Contemporary & Classical* [Citas de inspiración, contemporáneas y clásicas] (Nashville: Thomas Nelson Publishers, 1982), p. 209.

Capítulo 2— Emplear un sistema sencillo de catalogación

1. Elon Foster, *6000 Sermon Illustrations* [6.000 ilustraciones para sermones] (Grand Rapids, MI: Baker Book House, 1952/1992), p. 634.

Capítulo 3— Evaluar los sucesos

1. Charles F. Pfeiffer y Everett F. Harrison, The Wycliffe Bible Commentary [Comentario Bíblico Moody] (Chicago: Moody Press, 1973), p. 875. Publicado en castellano por Editorial Portavoz.

Capítulo 4— Esperar tropiezos, obstáculos y calles sin salida

1. Elisabeth Kübler–Ross, M.D., propuso estas cinco etapas del duelo –ahora famosas– en su libro *On Death and Dying* [Sobre la muerte y los moribundos] (Nueva York: Simon & Schuster/Touchstone, 1969). Publicado en castellano por Random House Mondadori.
2. Tim Hansel, *You Gotta Keep Dancin'* [No dejes de bailar] (Colorado Springs: Chariot Victor Publishing/Cook Ministries, 1998), pp. 54-55.

Capítulo 5—Buscar las bendiciones

1. Bruce B. Barton, David R. Veerman, y Neil Wilson, *Life Application Bible Commentary—James* [Comentario bíblico de aplicaciones prácticas–Santiago] Wheaton, IL: Tyndale House Publishers, Inc., 1992), p. 7.

Capítulo 7—Aumentar tu resistencia

1. William Barclay, *Letters of James and Peter,* ed. rev. [Cartas de Santiago y Pedro] (Philadelphia: Westminster Press, 1976), p. 43. Publicado en castellano por Editorial Clie.
2. Bruce B. Barton, David R. Veerman, y Neil Wilson, *Life Application Bible Commentary—James* [Comentario bíblico de aplicaciones prácticas–Santiago] (Wheaton, IL: Tyndale House Publishers, Inc., 1992), p. 7.

CAPÍTULO 8—ANDAR CON LOS GIGANTES DE LA FE

1. Katherine Workman, citada en Wells, *Inspiring Quotations—Contemporary & Classical* [Citas de inspiración, contemporáneas y clásicas], p. 69.

CAPÍTULO 9—ALCANZAR LA GRANDEZA

1. *Our Daily Bread* [Nuestro pan diario], Septiembre 1, año indeterminado. Publicado en castellano por la Clase Bíblica Radial.

CAPÍTULO 10—TOMAR DECISIONES QUE PROMUEVAN GRANDEZA

1. *Our Daily Bread* [Nuestro pan diario], Septiembre 1, año indeterminado. Publicado en castellano por la Clase Bíblica Radial.

CAPÍTULO 12—EXPERIMENTAR EL PODER Y LA PERFECCIÓN DE DIOS

1. Kenneth S. Wuest, *Wuest Word Studies from the Greek New Testament* [Estudios de palabras del Nuevo Testamento griego], vol. 3 (Grand Rapids, MI: Wm. B. Eerdmans Publishing Co., 1973), p. 103.
2. Ver Mateo 27:45, 51-53; 28:7; Efesios 1:7.
3. Ray Beeson y Ranelda Mack Hunsicker *The Hidden Price of Greatness* [El precio oculto de la grandeza] (Wheaton, IL: Tyndale House Publishers, Inc., 1991), pp. 15-24.

CAPÍTULO 13—FORTALECERSE EN LA GRACIA DE DIOS

1. D.L. Moody, *Notes from My Bible and Thoughts from My Library* [Apuntes de mi Biblia e ideas de mi biblioteca] (Grand Rapids, MI: Baker Book House, 1979), p. 289.
2. Adelaide A. Pollard (1862–1934), Letras de himnos, “Have Thine Own Way, Lord” [A tu manera, Señor], dominio público, 1907.
3. Bruce B. Barton, *Life Application Bible Commentary—1 & 2 Corinthians* [Comentario bíblico de aplicaciones prácticas–1 & 2 Corintios] (Wheaton, IL: Tyndale House Publishers, Inc., 1999), p. 451.
4. A. Naismith, *A Treasury of Notes, Quotes, and Anecdotes* [Tesoro de notas, citas y anécdotas] (Grand Rapids, MI: Baker Book House, 1976), p. 98.

CAPÍTULO 14—APOYARSE EN EL PODER DE DIOS

1. Ver Elizabeth George, *Una mujer conforme al corazón de Dios* (Miami: Editorial Unilit, 2001) y *Una madre conforme al corazón de Dios* (Grand Rapids, MI: Editorial Portavoz, 2006).
2. Elon Foster, *6000 Sermon Illustrations* [Ilustraciones de sermones] (Grand Rapids, MI: Baker Book House, 1992), p. 658.
3. Charles Caldwell Ryrie, *The Ryrie Study Bible* [Biblia de estudio Ryrie] (Chicago: Moody Press, 1978), p. 1766. Publicado en castellano por Editorial Portavoz.

CAPÍTULO 16—CONVERTIRSE EN UNA OBRA DE ARTE

1. Warren W. Wiersbe, *Be Encouraged* [Anímese] (Colorado Springs: Chariot Victor Publishing, 1984), p. 141.
2. Ver Elizabeth George, *Una mujer conforme al corazón de Dios* (Miami: Editorial Unilit, 2001).
3. Wiersbe, *Be Encouraged* [Anímese], p. 141.

4. Roy B. Zuck, *The Speaker's Quote Book* [El libro de citas del orador] (Grand Rapids, MI: Kregel Publications, 1997), p. 169.
5. John W. Cowart, citando a Thomas Cranmer en *People Whose Faith Got Them into Trouble* [Gente que ha sufrido por su fe] (Downers Grove, IL: InterVarsity Press, 1990), p. 64.
6. Annie Johnson Flint (1866–1932), himno "He Giveth More Grace" [Él da mayor gracia], Orchard Park, Nueva York, en la serie "Casterline Card", número 5510.

Capítulo 17—Soportar tiempos difíciles

1. Lila Empson, *Checklist for Life—The Ultimate Handbook* [Máximo manual de listas prácticas de verificación]. (Nashville: Thomas Nelson Publishers, Inc., 2002), p. 103.
2. Tim Hansel cita a Victor y a Mildred Goertzel, *Cradles of Eminence* [Cunas de eminencia] (Nueva York: little, Brown, & Co., 1962).
3. W.E. Vine, *An Expository Dictionary of New Testament Words* [Diccionario Expositivo de palabras del Nuevo Testamento] (Old Tappan, NJ: Fleming H. Revell Co., 1966), p. 117. Publicado en castellano por Editorial Caribe.

Capítulo 18—Nada hay nuevo debajo del sol

1. John MacArthur Jr., *The MacArthur New Testament Commentary—1 Corinthians* [Comentario MacArthur del Nuevo Testamento—1 Corintios] (Chicago: Moody Press, 1984), p. 228.
2. Ibid., p. 228.

Capítulo 19—Confiar en la fidelidad de Dios

1. Leon Morris, *The Tyndale New Testament Commentaries—The First Epistle of Paul to the Corinthians* [Comentarios Tyndale del Nuevo Testamento –la primera epístola de Pablo a los corintios] (Grand Rapids, MI: Wm. B. Eerdmans Publishing Company, 1976), p. 144.
2. John MacArthur Jr., *The MacArthur New Testament Commentary—1 Corinthians* [Comentario MacArthur del Nuevo Testamento —1 Corintios] (Chicago: Moody Press, 1984), p. 229.

Capítulo 20—Vencer la tentación

1. H.D.M. Spence y Joseph S. Exell, *The Pulpit Commentary—Vol. 19, Corinthians* [Comentario del púlpito–Vol. 19, Corintios] (Grand Rapids MI: Wm. B. Eerdmans Publishing Co., 1978), p. 324.

Capítulo 21—Una gran ganancia

1. D.L. Moody, *Notes from My Bible and Thoughts from My Library* [Apuntes de mi Biblia e ideas de mi biblioteca] (Grand Rapids, MI: Baker Book House, 1979), p. 172.
2. Adaptado de Roy B. Zuck, *The Speaker's Quote Book* [El libro de anécdotas del orador] (Grand Rapids, MI: Kregel Publications, 1997), p.424.

Reconocimientos

Como siempre, agradezco a mi amado esposo Jim George, M.Div., Th.M., por su apoyo acertado, su guía y sus sugerencias, y por alentarme con amor en la realización de este proyecto.

Quisiera también agradecer de manera especial a los siguientes miembros del equipo editorial de Harvest House por su apoyo y trabajo: LaRae Weikert, directora editorial; Steve Miller, editor principal; y Barbara Gordon, editora. Son todas personas muy apreciadas y amigos a quienes tengo en gran estima, y colaboradores en gran parte de mis proyectos.

También quiero reconocer a todo el equipo de Harvest House Publishers —desde su director, Bob Hawkins Jr., hasta las personas que trabajan en la administración, el proceso editorial, el mercadeo, las ventas, el manejo de pedidos, la producción, el diseño y diagramación, la distribución, las finanzas, la computación y los recursos humanos— por su apoyo y ayuda en la labor de comunicar sabiduría y la Palabra de Dios. Aprecio sus aportes a mis libros y a mi ministerio.

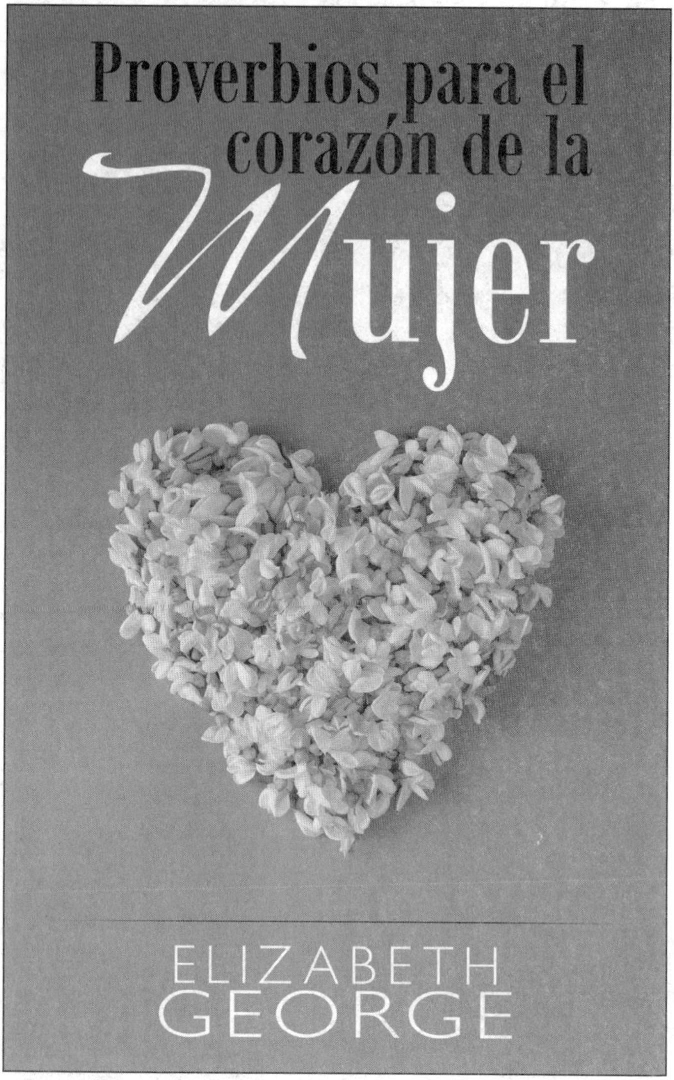

¿Estás estresada con tus responsabilidades? ¿En una encrucijada en tu vida? ¿Te preguntas qué hacer con una relación complicada? No adivines sobre tu siguiente paso en la vida. Obtén una visión clara del camino correcto mientras sigues la sabiduría de Dios que se encuentra en el libro de Proverbios. La autora de mayor venta y maestra de la Biblia, Elizabeth George te lleva en un viaje a través de 31 capítulos de Proverbios, que cubren los asuntos más cercanos a tu corazón.

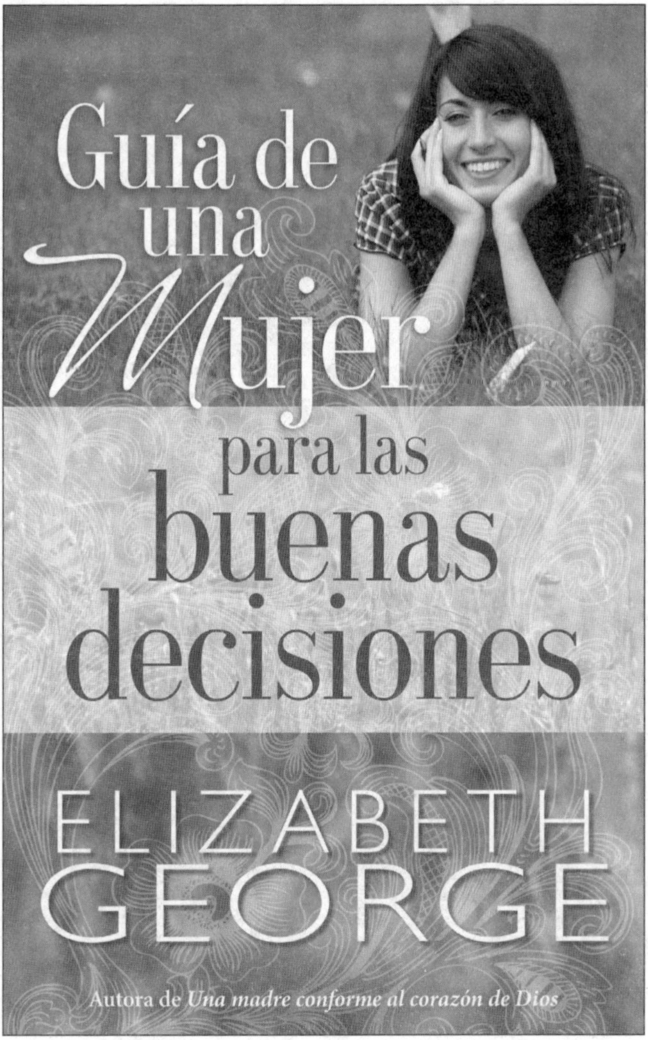

Cada 24 horas, las mujeres tienen que tomar cientos de decisiones. ¿Qué estrategias pueden utilizar para tomar las mejores decisiones en medio de los problemas y los retos cotidianos? ¿Cómo pueden aprovechar bien el tiempo y sentirse satisfechas con los resultados al final del día?

Después de hacerse estas mismas preguntas durante años, Elizabeth ha elaborado un proceso claro y práctico para tomar las mejores decisiones posibles.

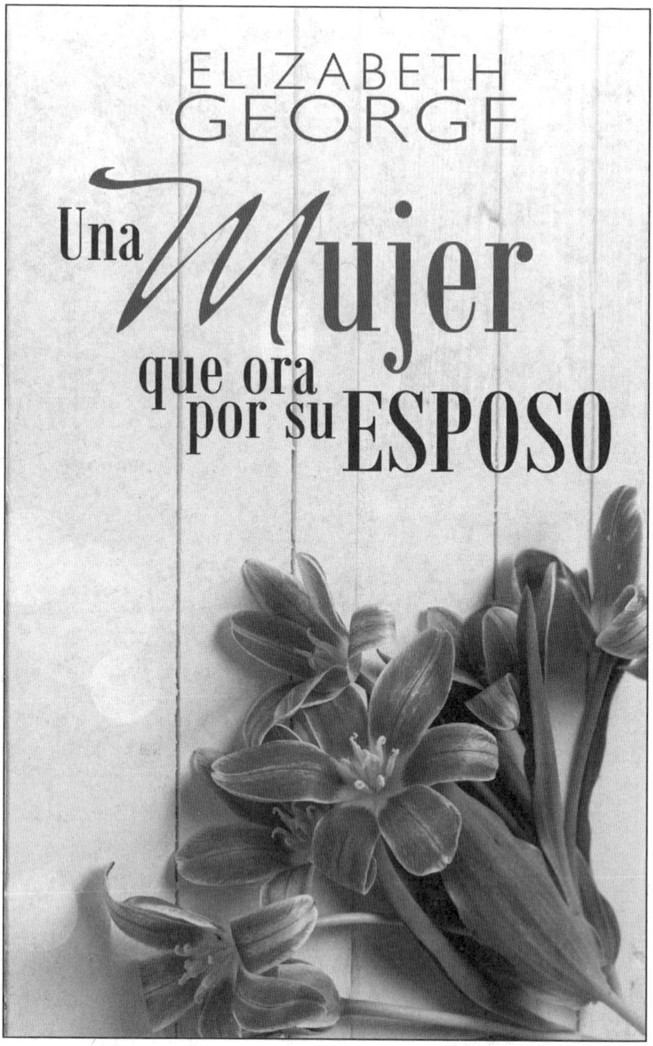

Orar las Escrituras es especialmente poderoso porque estás orando lo que Dios desea para tu esposo. Al orar así traerás una profunda unidad en tu relación matrimonial, estarás más consciente de la obra de Dios en la vida de tu esposo y le dará a él una firme confianza de que estás de su lado. Al acercarte a Dios, acercarás a tu esposo también. El hábito de pedirle a Dios por dirección en la vida de tu pareja los animaráy los enriquecerá espiritualmente.

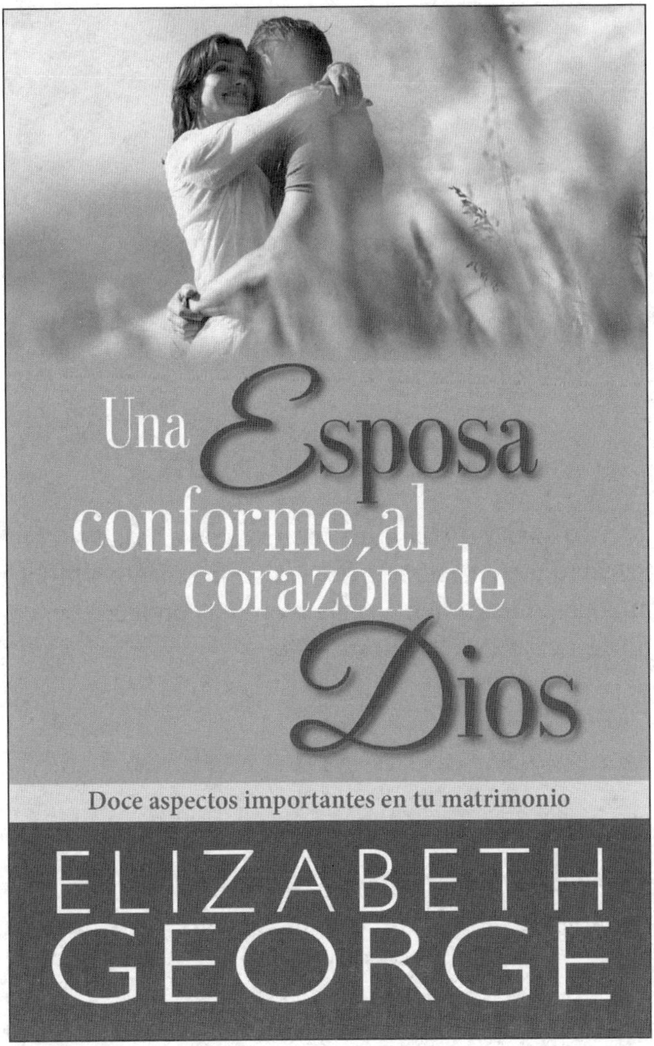

Doce aspectos importantes para un matrimonio. Elizabeth George explica el secreto de la felicidad conyugal, el diseño de Dios para que una esposa ame a su esposo, aunque tenga defectos. Este libro proporciona valiosas ideas en importantes aspectos del matrimonio. Entre otros explica qué significa ser la ayuda idónea del esposo, y qué es y qué no es la sumisión.

EDITORIAL
PORTAVOZ

NUESTRA VISIÓN

Maximizar el efecto de recursos cristianos de calidad que transforman vidas.

NUESTRA MISIÓN

Desarrollar y distribuir productos de calidad —con integridad y excelencia—, desde una perspectiva bíblica y confiable, que animen a las personas a conocer y servir a Jesucristo.

NUESTROS VALORES

Nuestros valores se encuentran fundamentados en la Biblia, fuente de toda verdad para hoy y para siempre. Nosotros ponemos en práctica estas verdades bíblicas como fundamento para las decisiones, normas y productos de nuestra compañía.

Valoramos la excelencia y la calidad
Valoramos la integridad y la confianza
Valoramos el mérito y la dignidad de los individuos y las relaciones
Valoramos el servicio
Valoramos la administración de los recursos

Para más información acerca de nuestra editorial y los productos que publicamos visite nuestra página en la red: www.portavoz.com